KB160455

나는 자다가 성공했다

나는 자다가 성공했다

초판인쇄 2019년 8월 1일
초판발행 2019년 8월 1일

지은이 황병일
펴낸이 채종준
기획 · 편집 이강임
디자인 홍은표
마케팅 문선영

펴낸곳 한국학술정보(주)
주 소 경기도 파주시 회동길 230(문발동)
전 화 031-908-3181(대표)
팩 스 031-908-3189
홈페이지 http://ebook.kstudy.com
E-mail 출판사업부 publish@kstudy.com
등 록 제일산-115호(2000. 6. 19)

ISBN 978-89-268-8904-6 13330

이 책은 한국학술정보(주)와 저작자의 지적 재산으로서 무단 전재와 복제를 금합니다.
책에 대한 더 나은 생각, 끊임없는 고민, 독자를 생각하는 마음으로 보다 좋은 책을 만들어갑니다.

나는 자다가 성공했다

황병일 지음

잠을 줄여야 성공한다고?
아니, 잘 자는 사람이 성공한다!
창업을 넘어 사업 인생으로 가는
성장탄력성을 높여라!

이담
Books

나쁜 일이 결국,
나쁜 일만은 아니었다.

"책을 쓰는 일은 어떤 주제를 체계적으로 의도를 갖고 확실히 공부하는 유일한 방법이다." 이는 20세기 사학자 폴 존슨의 말이다. 고난 중에 배운 보석 같은 지혜를 함께 나누고 싶어 이 책을 세상에 내놓았다.

일희일비—喜—悲. 상황에 따라 좋아했다, 슬퍼했다를 반복하는 모습을 말한다. 순간순간 닥쳐오는 상황에 따라 감정이 변화하는 모습을 가리킨 표현이다. 우리는 쉽게 감정에 휘둘린다. 일희일비하지 말자고, 써 붙여 놓고 다짐을 해도 말이다. 상황이 나에게 펼쳐지면 이성을 잃고 흥분하고, 힘들어한다.

다른 사람에게 "인생이란 게 원래 그런 거야, 좋은 일이 있을 때가 있고, 나쁜 일이 있을 때도 있으니까, 힘내라."고 말한다. 막상 자신이 그런 상황에 처하게 되면, 새까맣게 잊고는 분노와 슬픔에 헤매고 만다. 멀리 보면 지금의 기쁨에 마음 놓을 수도 없고, 지금의 슬픔에 연연해할 필요가 없겠지만 말이다.

주변에서 내 얼굴 표정과 모습을 보고는 별로 고생하지 않은 사람으로 본다. 잘 사는 집안의 금수저 물고 태어나 부모님 도움으로 공부해 대기업에 입사하고, 승승장구한 사업가가 되었을 것이라고 생각한다. 사람의 얼굴은 풍경이라고 한다. 다행히 큰 시련과 역경을 겪어 오며 얼굴에 미소를 잃지 않은 것은 행운이다.

IMF 때 연쇄 부도 사태로 하루아침에 신용불량자가 되었고, 메모리폼 베개를 국내 최초로 개발하여 성공가도를 달렸다. 감격도 잠시 투자 실패로 법정관리를 받게 되었다. 8년간 인고의 세월을 살아내고 법정관리를 종료했다. 그러나 6개월 만에 경영권 분쟁으로 창업한 회사에서 해임당하며 쫓겨났다.

세상에 이런 일이 나한테도 일어나는구나, 하늘을 원망했다. 사람이 무서워졌다. 분별력이 떨어져 혼미한 상태로 몸과 마음이 심약해졌다. 분노가 치밀어 잠을 이루지 못하는 날이 이어졌다. 운전을 할 수 없는 지경까지 갔다.

이런 상황에서 다시 일어날 수 있었던 것은 내 인생에서 최고의 단계는 아직 오지 않았다는 믿음 때문이다. 현실을 받아들이기까지 매우 혹독한 과정을 겪었다. 상황을 인식하고 삶의 의욕을 살리고 긍정적인 자세와 태도를 잃지 않으려 노력했다.

흔히들 겨울은 반드시 봄을 데리고 온다고 말한다. 계절이야 때가 되면 봄 여름 가을 겨울로 바뀌지만, 인생의 계절은 그렇지 않았다. 혹독한 겨울이 이어질 수 있고 봄에서 겨울로 거꾸로 갈 수 있는게 인생이다. 수확하는 가을에 다다르지 못할 수도 있다. 위기와 성공에 대한 태도와 반응에 따라 인생의 계절이 달라진다는 사실을 깨달았다.

내가 잘 못해 망하는 것은 당연하다. 하지만, 잘해 왔는데 망하는 허망함도 있다. 성공도 마찬가지라 생각한다. 내가 잘해서 성공하고, 나도 모르게 성공하기도 한다. 실패와 성공의 원인이 무엇인지 면밀히 분석하고 알아야 한다. 결과에는 반드시 원인이 있기 마련이다.

사업 실패는 혹독한 시기를 예고한다. 엄청난 쓰나미가 몰려오는 실패의 공포로 이러지도 저러지도 못하는 분이 있다. 지금도, 마지못해 적자 회사를 운영하거나, 가게 문을 열고 있는 분이 있다. 무엇부터 해야 하는지 고민만 하다가 시간을 보내는 분도 있다. 나락에 떨어져, 생을 내려놓고 싶은 충동이 수시로 몰려오는 분이 있을 것이다.

창업한 회사에서 강제 해임되어 원하지 않았던 백수가 되면서 책을 낸다는 게 쉽지 않은 결정이었다. 지금까지 자기계발서는 과거 고생한 얘기와 성공담에 관한 내용이었다. 가끔은 시대와 동떨어지기도 하고, 감동으로 끝나 버렸다. 때로는 책을 읽고 위로는 받았는데, 행동에 변화가 생기지 않았다.

동병상련同病相憐이랄까, 현재 아픔 속에 있으며 재기를 준비하고 있는 분들과 실제로 사업 인생에서 겪었던 역경 극복과 성공 요인을 나누고 싶었다. 무엇보다 나 자신을 다독이며 용기를 주고 싶었다. 지금의 처지를 비관해 고독한 시간을 보냈지만, 다시금 초심으로 돌아와 도전하고 싶었다.

비상하다가 바닥으로 떨어져 본 사람은 안다. 처음에 의욕적으로 시작했지만, 예기치 못한 일로 방향을 잃고 방황해 본 사람은 안다. 나쁜 일이 결국 나쁜 일로만 끝나지 않음을 깨닫는다. 또한, 인생이든 사업이든 획기적 전환을 만나는 변곡점이 있다. 이때가 가장 힘들고 어둡다. 동트기 전이 가장 깜깜한 것처럼 말이다.

삶은 100m 달리기도, 42.195km 마라톤도 아니다. 사는 동안 수많은 경기가 열리는 긴 여정이다. 진정 가치 있게 살았는지는, 삶의 여정이 다 끝나고 세상에 남기고 간 것을 보면 알 수 있다.

이 책은 2017년 5월에 출간한 『베개혁명』의 개정판이다. 책을 읽고 많은 독자로부터 제목과 내용이 어울리지 않는다며 다시 출간하면 좋겠다는 권유를 받았다. 놓친 부분을 보강하여 세상에 내놓는다. 지식은 학습으로 채울 수 있고, 경험은 시간이 쌓이면 생긴다. 하지만, 써먹지 않는 지식은 죽은 것이며, 겪었던 경험만을 고집하면 무지한 사람이 된다. 지식에 경험이, 경험에 지식이 융합된 지혜로 학습된 자기 소리를 내며 "나를 나답게" 만드는 데 도움이 됐으면 좋겠다.

황 병 일

Contents

CHAPTER
01

세상에
헛된 일은 없다.

CHAPTER
02

내 탓이다.
남 탓하지 말라.

CHAPTER
05

맨땅에
헤딩하지 마라.

CHAPTER
06

계속할 용기가 있다면
꿈은 이루어진다.

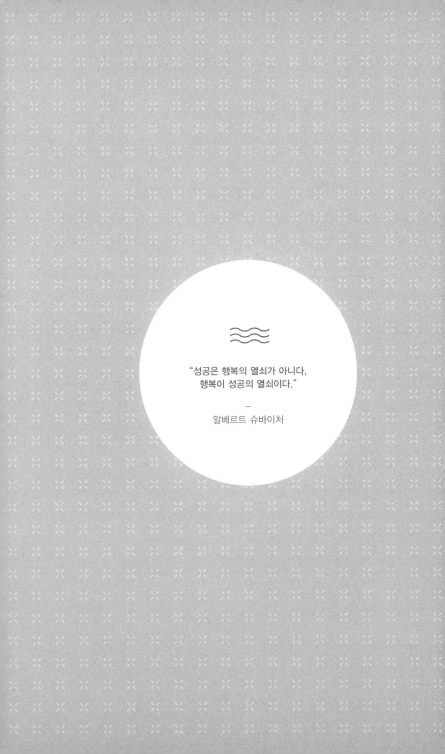

"성공은 행복의 열쇠가 아니다,
행복이 성공의 열쇠이다."

–

알베르트 슈바이처

세상에
헛된 일은 없다.

01

가난을 몰랐던
어린 시절

　"황 사장은 참 고생을 안 해본 사람인 것 같
아." 이런 말을 들으면 나는 기분이 좋다. 그만큼 내 표정이 밝다는
얘기니까 말이다. 그 사람들에게는 산동네 판자촌을 유랑하던 어린
시절 나의 모습이 상상이 가지 않을 것이다.

　내가 네 살 때 우리 가족은 서울로 이사를 했다. 아버지께서
시골에서 살기 힘들어 무작정 상경한 것이라고 하니 무척이나 가난
했던 모양이다. 서울로 올라와 처음 살게 된 곳이 모래내 산동네였
다. 전기는 물론 없었고 수도 시설도 되어 있지 않아 걸어서 30분 거
리에 있는 아래동네의 우물에서 지게를 지고 올라오시던 모습이 기
억이 난다.

한쪽 팔에 소아마비를 앓는 불편한 몸으로 아버지는 집에서 스웨터를 짜는 공장을 시작하셨다. 일명 "요꼬"라고 불리는 편직기에 서서 편물을 생산하시던 모습이 선하다. 서울로 올라온 후 수없이 많이 이사를 다녔지만 항상 모래내 산동네 주변을 벗어나지 못했다. 우리 집은 그래도 마당에 화장실이 있었지만, 그렇지 못한 판잣집은 공터에 있는 공중화장실을 이용했다.

동네에 작은 교회가 있었다. 평소에는 교회를 나가지 않았어도 성탄절에는 반드시 나갔다. 떡과 선물을 줬기 때문이다. 가난하고 배고팠던 시절 교회에서 나눠주는 떡과 선물은 어린 나에게 배고픔을 달래 주기에 충분했다. 그 시절 교회는 위로와 쉼이 있는 따뜻한 곳이었다.

만화 가게는 동네 마실 장소였다. 당시 〈우주소년 아톰〉을 보기 위해 10원을 주고 만화 가게에서 흑백 TV를 봤다. 텔레비전이 있는 집은 부자였다. 돈이 없는 날 친구네 집 창문을 통해 몰래 보다가 혼났던 기억이 난다. 어머니와 만화 가게 아줌마하고는 동네 친구 사이였는데, 어머니를 따라 묻어 들어가면 공짜로 입장했으니 그날은 대박이었다.

당시 라면값이 20원했다. 평소 과자 먹는 일이 드물었는데 어머니께서 라면 심부름을 시키면 신이 났다. 라면 몇 봉지를 사오면 마루에 휙 집어 던졌다. 부스러기를 과자처럼 먹기 위해 잔머리를 쓴 것이다. 참 없던 어린 시절 얘기다.

한번은 밤새 비가 온 적이 있었는데, 새벽녘 비명소리에 깨어 보니 방 안이 온통 진흙으로 덮여 있었다. 산사태가 난 것이다. 다행히 인명 피해는 없었지만 살림살이 중 남아난 것이 없었다. 그날 아침 물에 퉁퉁 불고 흙투성이가 된 책을 들고 학교에 가야 했지만 부모님에게 투정을 부릴 수 없었다. 초등학교 1학년밖에 안 되는 어린 나이지만 흙더미 속에서 자식들 책가방을 건지는 부모님의 뒷모습이 너무 힘겨워 보였기 때문이다.

아버지는 온종일 옷 먼지 속에서 일하셨고, 밤샘 작업을 하는 때도 많았다. 물론 어머니도 살림을 해가며 공장 일을 하셨다. 나와 형도 실 감는 일, 실밥 따는 일 등 흔히 말하는 "시다" 역할을 하며 어린 시절을 보냈다. 그렇게 온 가족이 매달렸다.

때로는 일감을 받아 오는 일도 내 임무였다. 지금도 잊혀지지 않는 일이다. 중학교 1학년 때 답십리에 있는 외삼촌 공장에서 다음 날 일감을 가져올 때의 기억이다. 학교를 마치면 나는 곧장 답십리로 가 내 몸보다 더 큰 짐 보따리를 들고 집으로 왔다.

중간에 버스를 갈아타야 하긴 했지만, 답십리에서 남가좌동 집 근처 버스 정류장까지는 그리 힘들지 않았다. 버스에서 내린 후부터가 문제였다. 그때도 우리 집은 산꼭대기에 있어서, 무거운 짐을 들고 산비탈을 오르는 일은 중학생으로선 무척이나 힘들었다.

집에 도착하면 온몸이 땀으로 뒤범벅이 돼 그대로 곯아 떨어졌다. 숙제도 못 하고 아침에는 학교 가기 바빴다. 공부에 관심 가질 여건이 아니었다. 그 땐 몰랐는데 나도 자식을 키우는 부모가 된 후 아버지의 심정이 어땠는지 짐작할 수 있게 되었다. 아버지 역시 자식들에게 일을 시키고 싶지는 않으셨을 것이다. 그러나 그때는 먹고 살기 어려운 시절이어서 나뿐만 아니라, 비슷한 환경에 있는 친구들은 모두 집안일을 돕고 있었다.

가까운 학교에 배정되지 않아서 멀리 종로에 있는 중동중학교로 버스를 타고 다녔다. 힘들기는 했지만, 교실 유리창에서 바라보는 서울 전망은 변두리에만 살았던 서울 촌놈에게 신비로움 그 자체였다.

무엇보다 좋았던 것은 바로 담벼락을 사이에 두고 숙명여중 고가 있었다. 체육 시간만 되면 옷 갈아입는 모습을 보며 서로 상대 방 교실을 바라보며 웃었던 기억이 새롭다. 같은 반에 스카우트 파 동 여파로 쓸쓸한 은퇴를 했지만 1983년 FIFA 세계 청소년 축구 선 수권대회 4강 멤버였고 현재는 K리그 경남FC를 맡은 김종부 감독 이 있었다.

축구를 정말 잘하는 학교였다. 이전하는 학교와 합쳐지면서 중3 때는 반이 23반이나 되었는데, 3학년 때 반 대항 축구 시합이 있 었다. 우리 반이 23반 리그전을 통해 우승했던 감격을 잊을 수 없다. 결승전이 있던 날 3학년 전체가 수업을 하지 않고 선생님, 학생 모 두 나와 운동장에서 응원했던 함성이 귀에 쟁쟁하다.

광화문과 종로를 기웃거리며 다녔던 그때, 소공동 롯데 호텔이 막 지어지고 있을 때라 연말이면 아주 커다랗게 "Merry Christmas & Happy New Year"라는 조명을 장식했다. 교실에서 그 광경을 지켜보는 것이 무척이나 좋았다. 전혀 다른 세상으로 보였기 때문이다.

02

20살
삼성맨이 되다.

　　　　　일찍부터 공부와는 담을 쌓았다. 집안일을 돕느라 공부할 시간이 없기도 했지만, 나 스스로 공부에 대한 흥미와 노력이 부족했다. 친구들은 대부분 인문계 고등학교를 들어갔지만, 실업계 고등학교인 고명상업고등학교에 진학했다. 당시, 내 성적으로 갈 수 있는 안정권 학교로 들어간 것이다.

　　　　　학교생활에 잘 적응하지 못했다. 교실에서 내 자리는 항상 맨 뒷줄이었고 공부보다는 노는 일에 관심이 더 많았다. 친구들과 놀다가 밤늦은 시간에야 집에 들어갔고 주말에는 더더욱 바빠 잠시도 집에 붙어 있을 틈이 없었다. 학교 성적은 당연히 좋지 않았다.

　　　　　그러던 중 내 인생을 바꿔 놓는 일대 사건이 일어났다. 수업

나는 자다가 성공했다

시간에 선생님은 모두에게 눈을 감으라고 한 뒤 이런 질문을 던졌다. "지금부터 내가 묻는 말에 신중히 생각해 보고 손을 들어라. 10년 후 내 모습이 지금보다 훨씬 좋아져 있을 것 같은 사람?" 손을 들지 못했다. "10년 후에도 지금과 별반 다를 것이 없을 것 같은 사람?" 역시 손을 들지 못했다. "마지막으로 10년 후에 지금보다 더 안 좋은 상황에 있을 것 같은 사람 손 들어봐." 나도 모르게 슬며시 손이 올라갔다.

지금처럼 노는 일에 세월을 보낸다면 내 인생은 성적만큼 밑바닥을 맴돌 거란 생각이 순간적으로 밀려왔던 기억이 난다. 잠시후, 선생님은 눈을 뜨게 한 후 조용히 말씀을 시작했다. "지금 여러분은 아무 생각 없이 시간을 보내고 있지만, 졸업하고 사회에 나가면 학창 시절에 공부를 하지 않은 것을 뼈저리게 후회할 거다. 사회는 정말 냉정했다. 심지어 자살까지 생각했다. 그래서 죽어라 공부를 했다. 너희들도 후회하지 않으려면 공부를 해라. 상고를 나와도 떳떳이 사회에 나가려면 공부를 해야 한다."

선생님의 말씀은 며칠 동안 내 머릿속에서 떠나지 않았다. 오히려 시간이 지날수록 더 새록새록 떠오르며 불안하게 만들었다. "내가 10년 후 무슨 일을 하게 될지 모르지만, 원 없이 놀았던 것처

럼 한번 공부에 미쳐 보자!"는 결심을 했다. 내 인생 최초의 입지立志
였다.

그때부터 버스 안에서도 책에서 눈을 떼지 않았고, 심지어는
걸어가면서도 공부를 했다. 밤늦게까지 공장에서 미싱 돌아가는 소
리가 집안 전체에 울렸지만 공부에 집중하니 미싱 소리가 방해되지
않았다. 그동안 집안 환경 때문에 공부를 하지 못한다는 것은 핑계
였다는 것을 그때 알았다.

3학년에 올라가서는 성적으로 사고를 쳤다. 다른 친구들이
공부를 안 한 덕택에 전교 1등을 한 것이다. 이 사실은 학교 전체의
이슈가 되었다. 선생님과 친구들도 나를 보는 시선이 달라졌다. 가장
기뻐한 것은 아버지였다. 요란하게 칭찬을 해 주진 않았지만, 미싱을
돌리는 아버지의 손은 가벼웠고, 미싱 소리도 경쾌하게 느껴졌다.

나의 첫 직장은 제일모직 수출부였다. 고등학교를 졸업할 무
렵 나는 취업이냐 대학진학이냐를 놓고 한참을 고민하다가 취업으
로 결정을 내렸다. 보통 상고를 나오면 은행을 선택하는 것이 일반
적이었지만, 나는 왠지 은행보다는 삼성그룹에 호감이 갔다. 큰 회
사에서 다양한 일을 해보고 싶었다. 다행히 3학년 때 공부를 열심히

나는 자다가 성공했다

한 덕분에 시험에 무난히 합격할 수 있었다.

시청 앞 삼성본관에 있는 제일모직으로 첫 출근하게 됐다. 고등학생 티를 채 벗지 않은 양복을 입은 직장인이 되었다는 사실만으로도 기뻤다. 게다가 큰 기업에서 내 기량을 펼칠 수 있게 되었다는 설렘이 가득했다. 신입 사원 교육이 끝나고 발령받은 곳은 수출부였다. 경리과나 총무과로 발령이 날 것이라는 예상이 빗나갔다.

수출부는 낯설고 두려움 그 자체였다. 대부분 명문대 출신으로 영어, 일어 등의 외국어는 기본이었고, 누가 봐도 당당하고 훌륭한 선배님으로 가득했다. 그 사이에 서면 왠지 주눅이 들었다. 상고를 졸업한 사회 초년생에게 수출부 업무는 생소한 일뿐이어서 남모르게 눈물 흘리며 배워야 했다. 어쩌다 받은 전화에서 "헬로우", 모시모시" 소리만 듣고 깜짝 놀라 수화기를 내려놓은 적도 있었다. 식은땀이 나고 경기가 날 정도로 무섭고 두려웠다.

직장 생활을 하며 공부하기 힘든 여건이었다. 새벽반과 저녁반 단과학원에 다니면서 대학 입시와 회사 생활을 병행하며 혹독한 시간을 보냈다. 매일 새벽반을 마치고 출근하다 보니 신입 사원이 자주 지각을 했다. 감사하게도 회사에서는 그 사정을 알고 배려해 주었다.

다행히 회사에서 가까운 단국대학교 경영학과에 진학할 수 있었다. 주경야독書耕夜讀으로 회사에 다니면서 대학을 다녔기 때문에 대학 생활은 그리 낭만적이지 않았다. 공부한다는 이유로 회사에 누를 끼치고 싶지 않아 때로는 쉬는 일요일에도 출근하여 맡은 일을 마무리했다.

항상 시간에 쫓겨 다녀 몸은 고됐지만, 그 시절 나의 삶은 활기에 넘쳐 있었다. 삼성맨이라는 자부심과 대학생의 꿈을 이루었기 때문이다. 훌륭하신 선배님으로부터 가르침을 많이 받았던 첫 직장 생활이었다. 지금도 제일모직 수출부 OB 멤버와 모임이 이어지고 있다. 수출역군으로 덕담을 나누는 그 시간이 즐겁다.

03

아버지는 내 인생과
사업의 최고 멘토

나의 첫 사업 파트너는 아버지였다. 나는 아주 평범한 사람이다. 군이 특별한 점을 찾자면 어려서부터 '돈을 모으는 일'에 있어서는 남다른 관심과 재주가 있었다. 초등학교 3학년 때 나는 내 이름으로 된 통장을 만들었다. 그것도 부모님이 만들어준 것이 아니라 내 발로 직접 은행에 가서 한 일이었다. 돈이 생길 때마다 통장에 저축했다. 아버지 일을 도와드리고 용돈을 받은 날이면 곧장 은행으로 달려갔다. 때로는 10원, 많은 날은 100원 정도 하는 작은 액수였지만 은행 가는 일 자체가 즐거웠다. 뭔가 뚜렷한 목표가 있는 것은 아니었다. 그저 저축하는 습관이 몸에 배어 있었던 것 같다. 아마도 가난에서 벗어나 보겠다는 마음에서 비롯된 일이 아닌가 싶다.

돈을 모으는 것뿐만 아니라 돈을 버는 일에도 비교적 일찍 눈을 뜬 편이다. 고등학교 3학년 때 내 수중에 50만 원이란 목돈이 들어왔다. 그동안 부어왔던 적금을 탄 것이다. 통장에 찍힌 액수를 보며 나는 '어떻게 하면 이 돈을 불릴 수 있을까?'란 생각에 골몰했다. 50만 원도 무척 큰돈이었지만 통장에 넣어두는 것보다는 그 돈을 밑천으로 뭔가 일을 해보고 싶다는 생각이 들었다. 먼저 떠오른 이가 아버지였다. 사업을 하려면 믿을 만한 사람과 해야 한다는 생각이 들어서였다. 아버지는 교복 자율화 조치로 인해 공장 문을 닫고 오락실을 운영하는 중이었다. "아버지, 저한테 갤로그 기계 한 대만 파세요." 슬며시 웃으시며 내게 물었다. "사업을 해 보겠다고? 좋다. 그런데 수익금은 어떻게 나눌 생각이냐?" "5:5로 하는 게 어떨까요. 아버지가 가게를 운영하시고 저는 기계만 사는 거니 공평하게 분배하는 게 좋겠지요."

그렇게 해서 나는 당시 유행하는 게임인 갤로그 기계의 주인이 되었다. 결과는 대성공이었다. 기계 한 대에서 일주일에 평균 5만 원의 수입이 나왔다. 약속대로 아버지에게 수입의 반을 드려도 2만 5천 원이 남았다. 라면 하나에 100원, 학생 버스요금이 85원 하던 시절에 2만 5천 원은 대단한 수입이었다. 6개월 정도 지나자 내가 투자한 원금을 제외하고도 상당한 돈이 모였다. 그때 '여기까지만 하자'라는 생각이 들었다. 마침 오락실이 우후죽순으로 늘어 100원하던 게임비가 50원으로 하락하게 되었다. 그 무렵 나에게는 큰 변화가 생겼다. 삼성에 취업이 된 것이다. 그때 내 나이가 20살, 고등학교를 졸업하고 바로 사회생활을 시작해서 배워야 할 게 너무 많았다. 나는 아버지에게 기계를 팔고 나의 첫 사업을 정리했다. 사업을 정리하던 날 아버지는 나를 앉혀 놓고 긴 말씀을 하셨다.

"돈을 벌 때는 신용으로 버는 것이 중요하다. 사업하는 사람이 절대 잊어서는 안 되는 것이 신용이다. 내가 교복 사업을 정리하며 다른 업자들처럼 재룃값을 떼어 먹고 도망가지 않고 외상값을 갚은 이유는 신용을 잃어서는 안 된다는 생각 때문이었다. 언제가 될지는 모르지만 분명 교복은 부활할 거다. 그때 나는 다시 교복 사업을 할 수 있다. 그러나 도망간 그들은 다시는 이 업계에 발을 붙이기 어려울 거다." 갤로그 사업에 성공했다는 뿌듯함에 빠져 있던 나에게 아버지의 말씀은 큰 교훈이 되었다. 아버지의 예상대로 정말 교복은 부활했고 아버지는 당당하게 그 일을 시작하셨다. 그 모습을 보며 나는 신용이 얼마나 중요한지 몸으로 터득하게 되었다. 그리고 내 사업을 시작한 후에는 신용을 쌓는 일을 가장 우선시하게 되었다.

아버지 황돈영님은 나와 띠동갑 24살 차이로 올해 80세이다. 그 연세에 아버지가 현역이라고 하면 다들 놀라워한다. 10여 년 전부터 그만 정리하시고 은퇴하시라고 협박도 했었다. 그럴 때마다 관두면 뭐하냐, 노인정이나 갈 텐데, 올해로 아니면, 내년까지 하고 그만두겠다, 하신 지가 10년이 넘었다.

요즘은 아버지가 현역이라는 사실이 죄송한 마음이 들지만, 든든한 배경이 되어 주신다. IMF 때 나의 첫 사업이 부도가 나고 아버지 교복 공장 한 귀퉁이에 칸막이치고 트윈세이버 까르마를 창업한 것이 1999년이다. 메모리폼 베개를 들고 이곳저곳 문을 두드리고 다닐 때 아버지의 격려는 참 힘이 됐다. 자식이 창업한 회사에서 급작스럽게 쫓겨난 사건으로 충격과 속상하심이 얼마나 크셨을까? 아버지는 한창 일할 나이에 어떻게 이런 일이 생겼냐며 가슴 아파하셨다. 자식이 의기소침하고 초라해질까 봐 노심초사하시며 기운 내라, 서두르지 마라, 자식 다 키웠는데 급하고 나쁜 마음 갖지 마라, 위로해 주셨다. 그리고 혹시나 하는 기대로 회사에 복귀하기를 진정으로 원하셨다.

아버지는 한 번도 월급쟁이 생활을 하신 적이 없으셨고, 6.25 전쟁으로 학교도 제대로 다니지 못하셨다. 하시는 말씀이 답답하고 듣기 싫을 때도 있었지만, 오랜 경험과 경륜을 통해 체화된 승부사 기질과 고난을 견뎌 내는 야성과 내공은 정말 차원이 다르다.

교복이 부활한 당시 교복 사업을 할 수 있다는 가슴 벅참으로 아버지가 밤잠을 설치셨던 모습이 눈에 선하다. 사업할 돈이 없었지만, 동대문 원단업체는 오래전 아버지의 신용을 믿고 외상으로 전량 밀어주었고 재기의 발판이 되었다. 원단 값 떼어먹은 업체는 현금을 줘야 원단을 구입할 수 있었다고 한다.

신도시가 생기면서 일산으로 일찌감치 사업장을 옮기셨고, 지금은 고양시 50%가 넘는 학교에서 아버지가 디자인한 교복을 입고 다닌다. 대기업 교복 브랜드 진출, 공동구매, 입찰 등의 변화와 경쟁 속에 여러 부침을 겪으며 큰돈을 벌지는 못하셨지만, 사업을 통한 자신만의 인생을 만들어 오셨다.

회사가 법정관리에 들어가면서 보증을 서 주신 아버지에게 압류장이 날아갔다. 공항에서 받은 잊혀지지 않는 전화가 있다. 해외 바이어에게 자초지종을 설명하고 오더 상담도 하기 위해 출국길에 올랐는데 압류가 들어왔다는 전화를 받았다. 다리에 힘이 빠져 차마 비행기에 탑승할 수가 없었다. 노년을 편하게 보내셔야 하는데 너무 죄스러웠다.

부모님의 주거가 불안하다는 소식으로 놀란 가슴에 말을 제대로 잇지 못하고 있을 때, 아버지는 차분히 말씀하셨다. "내 걱정은 마라, 출장 가서 일 잘 보고 와라!" 오히려 자식을 걱정하셨다. "아버지, 죄송합니다. 갔다 오겠습니다." 눈물을 흘리며 마음을 진정시키고 출장길에 올랐던 기억이 난다. 자식 된 도리를 하지 못한 죄스러움이 얼마나 크게 몰려왔는지 모른다. 지금도 그때를 생각하면 눈물이 난다.

부모의 자식 사랑은 헤아릴 수 없나 보다. 당신에게 피해를 입혔어도 자식이란 이유 하나만으로 미워할 수 없고, 품고 가시는 모습에 고개가 숙여진다. 자식을 낳고 키우며 자식 이기는 부모가 없다는 말을 실감한다. 어떤 상황에도 자식을 끝까지 받아 주며 바른길로 인도하고 있는지 되돌아본다.

"위기가 기회다.", 역경을 딛고 일어서는 회복탄력성 DNA를 아버지로부터 배우고 물려받았다. 인생을 살아가는 데 필요한 지혜를 아버지로부터 많이 배웠다. 아버지가 해준 보석 같은 명언들이 내 마음에 쌓여서 그것이 재산이 되어 인생과 사업에 도약을 이룰 수 있었다.

- 신용을 지켜라.
- 남의 눈에 피눈물 나게 하지 마라.
- 되려 할 때 밀어붙여라.

- 현장에 있어라.
- 손님 놓치지 마라.
- 싸게 팔지 마라.
- 취미를 가져라.
- 늘 움직여라.

　　스마트폰으로 손자들에게 문자 보내시는 센스쟁이 할아버지, 건강이 허락하는 순간까지 늘 움직이실 것 같다. 허리가 불편해지시면서 건강이 예전 같지 않으신 모습을 보면 가슴이 아프다. 아버지가 곁에 계셔서 너무 감사하다. 자식 된 도리를 잘하지 못하고 있어서 송구하다. 아버지께 이렇게 고백하고 싶다. "존경하는 아버지 고맙습니다. 아버지의 사랑으로 여기까지 올 수 있었습니다".

04

세상이 기억하는
메모리폼 베개

1993년 내 인생 아주 중대한 결단을 했다. 월급이 안정적으로 나와 가족들의 생계 걱정을 덜어야겠다고 결심을 했다. 가장으로서의 책임감으로 이직을 위해 이곳저곳 이력서를 내며 면접을 봤다. 그러던 어느 날 문득, '회사를 옮겨봤자 안정적인 직장이 있을까? 또, 월급이 밀리지 말라는 법은 없지 않으냐?'란 생각에 번뜩 정신이 들었다.

머릿속에 그간 대기업과 중소기업을 다닌 경험을 토대로 개인 사업을 해보자는 생각이 들었다. 창업해서 성공하든 망하든 내가 한번 해보자는 식의 무데뽀 정신이 발동한 것이 창업 동기였다. 그렇게 별 준비 없이 10년간의 월급쟁이 생활을 청산하고 사업 인생의 길로 들어섰다. 보험회사 영업소장 친구 사무실에 팩스 갖다 놓

나는 자다가 성공했다

고는 겁 없이 30살에 창업한 사업 인생 스토리의 시작이다.

창업학교, 창업보육센터, 크라우드 펀딩, 청년창업지원 등 좋은 아이디어와 사업계획서가 있으면 각종 교육과 지원, 혜택이 많은 지금과는 한참 동떨어진 창업이었다. 그럴싸한 꿈이 등장하는 거창한 창업 이념이란 것은 생각지도 못했다. 단지, 돈 벌어서 가족을 책임져야 하는 생계형 창업이었다.

단지, 꿈이라면 사업으로 30대에 돈 벌어 40대에는 세계 여행이나 다니자는 허망한 꿈이 다였다. 처음 사업은 카드사 통신 판매업이었다. 지금은 홈쇼핑이나 인터넷쇼핑에 밀려 카달로그 통신 판매의 매출이 미미해졌지만, 당시는 통신 판매가 무점포 판매로 각광을 받는 신유통 라인이었다.

초반부터 고전의 연속이었다. 밤을 새워가며 아이템을 찾고 광고 전략에 매달렸다. 아이템이 중요하지만, 같은 물품이라도 어떻게 광고를 하느냐에 따라 판매가 완전히 다르다는 것을 알게 되었다. 시장에서 검증된 아이템을 모아 광고비를 최소화하면서 판매를 높이는 데 매진했다. 밑천이 없기 때문에 안전한 전략을 썼다.

여러 차례의 실패와 시행착오를 거치면서 차츰 자신감을 얻게 되었다. 점차, 아이템 보는 시각을 키워가며 눈에 띄게 표현할 수 있는 훈련도 쌓아나갔다. 그렇게 해서 통신 판매업계에서 '히트상품 제조기'라는 말을 듣기까지 하였다. 매출이 원만히 상승하며 제법 회사다운 면모를 갖춰가던 시기, 납품하고 받은 어음이 전부 부도가 나는 연쇄 부도 사태가 터졌다. 경제신문 전면이 부도 업체로 도배를 할 정도였던 IMF 시절, 핵폭탄이 쓸고 가며 나는 하루아침에 신불자로 전락하는 신세가 되었다.

나라의 외환위기로 멀쩡했던 회사가 부도나는 사태가 터진 것이다. 너무 억울하여 충격으로 한동안 공황증에 시달렸다. 채권자들은 아우성치고 직원들도 큰 혼란에 빠졌다. 창업 5년 만에 회사는 문을 닫고 말았다. 사업은 나만 잘해서 되는 것은 아니라는 사실을 깨달은 뼈아픈 경험이었다. 회사 망하는 요인은 내가 잘 못해서도 있겠지만, 쓰나미처럼 몰려오는 외부환경에 휩쓸리면 속수무책으로 당할 수밖에 없다는 무서운 교훈도 알게 된 사건이었다.

채권자에게 쫓기며, 다섯 식구가 살던 전세금을 빼서 빚을 갚고 간신히 남긴 월세 보증금을 갖고 이사를 했다. 그 충격은 어마어마했다. 자식 사업에 보증을 서 주신 아버지에게도 압류가 들어가고 집안이 온통 난리가 아니었다. 직원들의 월급과 퇴직금 등을 정리하고 회사를 청산하고 몸만 빠져나왔다. 매일 잠 못 이루는 날이 지속되면서 몸은 점점 쇠약해져 가기만 했다.

하지만, 여러 아이템을 취급하며 실패했던 경험은 헛된 것만은 아니었다. 상품과 시장의 기회를 엿볼 수 있는 안목이 생겼기 때문이다. 어떻게 팔아야 할까, 즉 영업과 마케팅에 대한 실전 노하우가 쌓여 있었다. 자금은 없지만 내가 가진 것이 뭐가 있을까 골몰하기 시작했다. 문득 10년 전 일본 유학을 가기 위해 배웠던 일본어가 생각나는 것이 아닌가, 오랜 기간 쓰지 않아 서툴렀지만 기본적인 일본어는 기억에 남아 있었다.

이것이 두 번째 창업으로 연결된 무형의 자산이었다. 원망하고 한탄하며, 배신에 따른 분노가 가득 차 있었을 때는 아무것도 눈에 들어오지 않았다. 다시 보이기 시작한 것은 차츰 시간이 지나면서부터였다. 무작정 밑천 42만 원을 들고 동경행 비행기를 탔다.

변화를 주기 위해선 세 가지를 바꾸라고 한다. 만나는 사람, 주로 가는 장소, 평소의 생각을 바꿔보기로 작정했다. 지금까지 해 왔던 분야와 익숙함에 결별 선언을 했다. 그날따라 신기하게도 비행기 기내지에 실린 메모리폼 베개에 눈이 꽂혔다. 야 이거 괜찮은데. 이게 시발점이 되어 "국내 최초 메모리폼 베개 개발자 황병일"이란 퍼스트원First one 스토리로 이어졌다.

메모리폼을 개발하면서부터 일본 수출을 타깃으로 했다. 개발이 완료되자마자 일본으로 갔다. 당시 일본 메모리폼 시장은 일반인들에게 대중화되어 있지는 않았지만 소수의 마니아 사이에서 '메모리폼 베개는 좋은 거야.'라는 인식이 심어지고 있는 태동기였다. 일본에 도착하자마자 맨 먼저 두꺼운 지도 책자를 구입했다. 그리고 메모리 폼과 관련된 제품을 파는 상점에 들러 제품 뒷면에 적혀있는 주소를 모조리 적은 후, 지도를 보며 업체들을 하나씩 방문하기 시작했다.

사전에 전화를 걸어 약속 잡을 생각은 애초부터 하지 않았다. 서툰 일본어로 전화를 해봤자 거절당할 것은 뻔한 일이고, 내가 생각해도 낯선 한국인을 만나 줄 이유가 없었기 때문이다. 방법은 단 하나, 직접 찾아가서 한국에서 만든 메모리폼을 보여주는 것이었다. 업체를 찾는 일보다 더 어려운 것은 사무실 문을 열고 들어가는 일이었다. 어렵사리 찾아갔지만, 막상 문 앞에서 서면 하염없이 작아졌다. 들어갈까 말까를 고민하며 서성거렸다. 마침 그날은 비가 내렸다. 우산도 없이 비를 맞으며 골목을 걷다가 문득, 더 이상 퇴로는 없다는 생각이 들었다. 그래 용기를 내자.

심호흡을 크게 내쉬고 문을 열고 들어갔다. "한국에서 물건 소개하러 온 황병일이라고 합니다. 영업 담당자를 만나고 싶습니다." 일하고 있던 직원들이 일제히 한국에서 온 낯선 사람을 쳐다봤다. 문을 열고 들어간 그 순간이 메모리폼 베개로 해외 시장을 개척한 첫걸음이었다. 그 순간을 생각하면 지금도 가슴 벅찬 감동이 몰려온다. 사무실을 나오는데 온몸이 땀으로 흠뻑 젖어 있었고 긴장을 많이 한 탓에 입술이 바짝바짝 타 있었다. 그때는 오라는 곳은 없어도 갈 곳은 너무나 많아 잠시도 쉴 틈 없이 돌아다녔다.

폴리우레탄이란 단어도 몰랐던 사람이 메모리폼 베개로 침구 시장에서 공전의 히트를 쳤다. 솜 베개, 메밀 베개, 라텍스 베개, 구스다운 베개 등의 기존 시장에서 한때의 유행으로 사라질 것이라고 다들 예상했다. 그러나 메모리폼 베개는 베개혁명을 일으킨 침구 소재로 자리 잡으며 국내외 기능성 침구 시장을 열게 한 획기적인 사건으로 기억되었다. 현재까지 시중에 나와 있는 고가의 기능성 베개와 매트리스는 메모리폼 소재를 접목하고 있다. 그렇게 황병일은 메모리폼으로 베개혁명을 일으킨 퍼스트 원First One이 되었다.

05

하루아침의
추락

IMF 때 부도가 나고 절치부심하여 메모리폼 베개로 창업한 두 번째 회사는 처음에는 고전했으나 승승장구했다. 2000년 첫 거래가 이루어진 후부터 조금씩 주문이 들어오기 시작했다. 국내 홈쇼핑과 일본 수출로 안정을 찾아갔다. 첫 주문을 받았을 때, 아버지가 운영하는 봉제공장 한편의 사무실을 이용하고 있었다. 제품을 만들던 하청 공장이 갑자기 제품을 못 만들겠다고 나오면 또다시 다른 공장을 찾아다녀야 했다.

생산 공장이 바뀔 때마다 하자가 발생해 납기일을 넘긴 적도 있었다. 내 일처럼 일해 주는 공장 만나기가 정말 어려웠다. 그럴 때는 변명 대신 바이어에게 불량품을 보내 현재 상황을 솔직히 알렸다. 그러면서 완벽한 제품을 만들겠다는 약속을 하고 바이어를 안심

시키며 양해를 구했다.

제품을 애써서 만들어 선적했는데, 한동안 재오더가 없었던 때가 있었다. 웬일인가 싶어 알아보니까, 고객으로부터 제품평가 안 좋아 거래를 중단했다는 내용을 알고 매우 충격을 받았다. 하청공장에 품질검사지침을 내려서 생산했는데, 이런 일 생기니 어이가 없었다. 하청업체를 믿고 맡겨 제품 생산하는 것이 불안해졌다. 여러 번 시정을 요구하고 검사를 했지만, 이런 일이 되풀이되면서 하청 생산을 중단하고 공장을 임대해 직접 생산을 하자는 결심을 하게 되었다.

좋은 제품을 만들기 위해서 다른 방법이 없었다. 내 맘같이 움직여주는 공장을 찾기가 너무 어려웠기 때문이다. 한번은 공장에서 품질 하자에 대해 얘기를 나누다가 공장 사장님이 그만 작업을 중단시키고 기분 나쁘다며 퇴근해 버리는 일도 있었으니, 그때의 황당함은 이루 말할 수 없을 지경이었다. 사무실도 공장으로 옮기고 품질 관리에 심혈을 기울였다. 이런 과정을 거치며 제품의 질은 조금씩 개선되었다.

일본에서 한 통의 전화가 왔다. "이토추상사입니다. 회사의 제품을 보고 템퍼에 버금가는 품질이라는 인상을 받았습니다." 함께 일해 보고 싶어 급히 만나고 싶다는 내용이었다. 템퍼만큼 훌륭한 제품이라는 말은 메모리폼 베개업계에서 큰 칭찬이었다. 시장 규모 면에서 세계 1위를 고수하고 있는 곳이 '템퍼'이기 때문이다.

신오사카역 앞 워싱턴호텔 커피숍에서 이토추상사 담당자를 만났다. 그는 제품을 만들게 된 계기를 비롯해 회사 상황에 대해 아주 상세히 물었다. 만남이 있은 지 한 달 후 공장을 방문하겠다는 연락이 왔다. 갑작스럽기도 했지만 공장을 보여 줄 생각을 하니 정말 당황스러웠다. 그때 공장과 사무실은 그야말로 열악한 환경 그 자체였다.

작은 공장들이 다닥다닥 밀집한 데다 공장 바로 건너편에 커다란 돼지우리가 있어 냄새가 심했고 파리, 모기가 들끓었다. 생산 시설도 거의 수작업이어서 내세울 것이 전혀 없는 상황이었다. 하지만 어쩔 수 없었다. 거래하기 전 공장을 확인하는 것은 바이어의 당연한 권리였기에 거부할 수가 없었다. 공장을 방문한 날, 이런 열악한 환경에서 제대로 된 제품이 나오는 것 자체를 신기해했다. 돌아가면서 큰 거래처와 상담이 될 것 같다며 바이어와 함께 다시 방문할 것을 약속했다. 그 말에 마음이 놓이면서도 내심 한편으로는 걱정도 컸다. 공장을 보고 실망해 거래하지 않는 게 아닐까 하는 우려 때문이다.

얼마 후, 그는 바이어와 함께 다시 공장을 방문했다. 함께 온 바이어는 일본의 대형 양판점인 '이또요우까도-IY'였다. 전국에 2백가 넘는 점포를 가지고 있는 큰 거래처였다. 공장을 둘러본 바이어가 나에게 주문한 내용은 지금도 잊혀지지 않는다. '모기장을 치고 작업할 것', 너무도 허술한 환경을 보고 설비에 대한 지적은 엄두도 내지 못한 것 같았다. 이또오우까도와의 첫 판매는 대성공이었다. 4일 만에 무려 7천 개의 베개가 팔리며 성공 아이템으로 자리를 잡아갔다. 이것으로 일본에서 위상이 한순간에 달라졌다. 이때가 2001년 가을로 베개를 개발한 지 3년이 되어갈 시점이었다. 베개를 개발하는 데 1년이 걸리고, 본격적인 판매가 되는 데는 2년이 걸렸지만 회사가 성장하는 데는 불과 6개월이 걸리지 않았다. 이걸 보고 하루아침에 대박 났다고 하는 것이 아닌가 싶다.

그 6개월 만에 회사 분위기는 180도로 달라졌다. 밤새도록 일을 해도 밀려드는 주문을 소화하기에 벅찼다. 세수할 시간도 없이 24시간 생산 체제로 돌아갔다. 일본 유명 백화점을 비롯한 양판점 등 전역에서 우리 제품을 볼 수 있을 정도였다. 해외 시장을 적극적으로 개척하여 20여 개국으로 수출하는 성과를 올리며 침구회사로는 최초로 1천만 불 수출탑과 석탑산업훈장을 받는 등 성공한 굴뚝 벤처로 주목을 받았다. 국내는 까르마CALMA 브랜드를 백화점에 론칭

하며 기능성 침구 시장을 열어갔다.

　이때, 본격적인 미국 시장 진출을 목표로 생산 케파를 늘리기 위해 공장 건축에 들어갔다. 2004년 경기도 안성에 부지를 마련하고 공장을 착공하게 이르렀다. 그런데 공장 준공을 앞두고 공들인 오더가 중국으로 넘어가면서 분위기가 순식간에 차갑게 돌변했다. 지난 과거의 성과에 도취해 자만하고, 시장의 동태를 파악하는 데 게을렀고, 잠재적 경쟁자의 출현을 감지하지 못한 뼈아픈 결과였다. 앞으로도 잘 것이라고 믿고 밀어붙인 공장 건축은 거대한 문제를 낳게 되었다. 어디서부터 손을 대야 할지 갈피를 못 잡았다. 대출받고 투자 받은 막대한 자금이 들어간 데다가, 유력한 바이어를 빼앗기면서 회사는 순식간에 추락하며 나락으로 떨어져 갔다.

"나는 남들이 가지 않는 길을 택했다,
그로 인해 모든 것이 달라졌다."

–

로버트 프로스트

내 탓이다.
남 탓하지 말라.

01

초심과 중심을 잃은
엄청난 파장

      고생 끝에 낙이 온다는 고진감래苦盡甘來는 자
칫 잘못하면 오만을 낳는다. 과거 고생한 것의 보상으로 지금 잘되
고 있는 것이고, 앞으로도 잘될 것이란 착각을 일으킨다. 계속 변화
하고 성장해 가지 않으면 도태된다는 엄연한 진리를 망각해 버린다.
메모리폼 베개로 고생 끝 성공 시작이란 착각 속에 사업을 무리하
게 확장해 간 것이 큰 화근이었다. 생산량이 급속히 늘고 매출이 증
가하면서 인원 보충에 바빴다. 제대로 훈련되지 않은 직원을 현장에
배치했다. 눈에 보이지 않는 손실이 생기고 있음을 감지하지 못했
다. 화려한 겉모습에 모든 게 잘 돌아가는 것처럼만 보였다.

      어느새 일사불란하게 움직였던 초창기와는 사뭇 달라진 분
위기가 생겼다. 부서와 부서장 이기주의, 초창기 멤버의 보상 요구

등 내부 분열이 일어나기 시작했다. 근사해 보이는 사무실로 옮겼기에 임대료와 관리비가 예전 공장에 함께 있을 때하고는 비교할 수 없을 정도로 많이 들어갔다. 매출이 대폭 신장할 것을 예상해 인원을 뽑고 배치한 것도 큰 압박으로 몰려왔다. 사람을 뽑기도 어렵지만, 내보내는 것도 만만치 않은 일이었다. 섣부른 인력 조정으로 혼란을 가중시켰다. 월급날이 다가오면 자금이 모자라서 동분서주하며 돈 구하러 다녀야 했다. 돈 구하러 다니는 데 정신이 없으니까, 어디서 원인이 생긴 것인지 분석도 못하고 그냥 급한 것만 처리하는 지경에 빠져버렸다.

어쩌다가 이렇게 됐는지 냉철한 분석을 먼저 해야 하는데, 중요한 우선순위를 놓치고 있었다. 당장 급한 불 끄기에 온 정신이 팔려 있었다. 중심을 잃으며 내부에서는 경영 위기를 불러온 사장에 대한 비판의 소리가 커졌고 조직의 분열을 부채질하는 일이 연속으로 생기기 시작했다. 살고 있는 집을 추가 저당 잡히면서 월급을 해결해가는 동안 회사의 경영은 나아질 기미가 보이지 않았다. 정신을 차렸다가도 가끔씩 정신을 놓는 일이 반복적으로 일어났다. 잘 되어 왔는데, 다시 돈 걱정하며 하루하루 살아가는 처지가 된 것이다.

가뜩이나 회사 문제로 정신 못 차리고 있는데, 그런 스트레

나는 자다가 성공했다

스가 가중된 탓인지 아내마저 유방암 판정을 받는 등 악재가 겹치면서 더욱 곤경에 빠지게 되었다. 가족이 아프면 분위기가 침체되어 가라앉는다. 환자가 가장 고통스럽고, 지켜보고 간호하는 가족도 너무나 고통스럽다. 설마 오진이겠지, 다른 병원 두세 곳에서 검사를 했다. 하지만, 결과는 확진 판정이었다. 수술하고 나서 8번의 험난한 항암치료 과정을 견뎌내야 했다. 어느 땐, 백혈구 수치 저하로 항암치료를 할 수 없어 몇 시간씩 대기하다 낙심하며 맥없이 집으로 돌아오기도 했다. 악재는 한꺼번에 몰려온다는 말이 실감 나는 최악의 상황이었다.

물대가 밀리면서 채권자가 집으로 찾아오는 날이 있었다. 어느 날은 몇 명이 같이 와서는 잠을 자고 간 적도 있었다. 아내와 아이들 다 있었지만, 찾아온 그들에게 문을 열어주지 않을 수가 없었다. 오죽이나 답답했으면 집까지 찾아왔을까? 그분들도 거래처에 줄 돈을 못 주게 되면서 쫓기는 마음으로 온 것이었다. 큰 소란을 피우지는 않았다. 순순히 문을 열어주고 말을 들어주고 죄송하다는 말을 연이어서 하며 사정을 했다. 언제까지 주겠다는 말밖에 할 수가 없었다. 밤을 꼬박 새우고는 자동차라도 가져가겠다며 차를 몰고는 사무실로 데려갔다. 갑자기 신문을 내보이며 전화하라는 것이다. 뭔가 보니까, "장기매매알선" 광고였다. 장기라도 팔아서라도 돈을 달라는 것이었다.

섬찟한 생각으로 소름이 돋았다. 충격을 받았지만, 황당한 요구에 맞서 싸우지 않았다. 외상값을 주지 못한 원인이 있었기에 다시 정신을 가다듬고 "시간을 주세요, 해결해 드리겠습니다. 당장은 어렵지만 나눠서 갚을 테니 시간을 주세요. 죄송합니다, 부탁합니다." 진심으로 사과했다. 진심이 통했을까? 갇혀있던 사무실을 나올 수 있었다. 당시, 그 회사 직원이 한 말이 생각난다. "저희 대표님이 원래 강한 분인데, 황 사장님께는 강하게 못 하니까, 더 답답하신 것 같아요.", "다른 사람들은 경찰서에 신고하고 고성과 몸싸움으로 난리가 아닌데, 황사장님은 신고도 안 하시고, 문도 열어주고, 다 들어주고, 계속해서 죄송하다 말하니까 더 몰아세우지 못하시나 봐요."

자식 사업에 보증을 서 주신 아버지, 형과 아내에게까지 불똥이 튀어서 집과 통장 등에 압류가 들어왔다. 한꺼번에 몰려오는 엄청난 파장으로 재기 불능 상태로까지 빠졌다. 창업보다 수성이 어렵다는 말이 실감 났다. 초심을 잃지 않고, 계속해서 성장해 가는 것은 고진감래의 열매에 도취하지 않고 성찰하는 지속적인 노력에서 비롯되는 것 같다. 인생이 롤러코스터를 탄다고 하지만 나는 예외로 앞으로도 지금처럼 잘될거야, 지나친 자신감과 자만이 화를 불러 일으킨 것이다. 한때의 성공을 과신하여 경영을 잘 못한 원인으로 회사가 몰락해 갔던 것이다.

02

법정관리(기업회생),
파산을 면하다.

          월급과 물품 대금이 밀리고 이자가 연체되면서 잘나갔던 회사의 역동적인 분위기는 온데간데없고 싸늘하게 바뀌었다. 잘해 보려고 했던 것들이 경영 위기를 불러온 원인으로 작용하면서 질책이 쏟아졌다. 정말 숨쉬기 어려운 나날의 연속이었다. 두 번째 창업한 회사가 승승장구하면서 고생 끝 행복 시작인 줄 알았다. 돈 벌어 좋은 일하면서 존경받고 살 줄 알았는데 현실은 완전 딴판으로 돌아가고 말았다. 참 교만한 생각이었다. 한동안 자괴감에 빠져 헤어나지 못하는 날이 이어졌다. 상대방의 말을 알아듣지 못하며 가끔 정신 줄을 놓기도 했다. 그래도 이대로 그냥 망할 수만은 없었다. 그 사이 직원 월급과 거래처 물대, 투자금과 대출 등이 누적되며 빚이 180억 원으로 눈덩이처럼 불어났다. 급한 불 끄기 위해 돌려막다가 점점 더 깊은 수렁으로 빠져 버렸다. 이제 선택할 일만 남

왔다. 어느 정도 살 것을 챙기고 만세를 부를 것인가, 개인적인 안위를 포기하고 회사를 살릴 것인가?

번뇌하다가, 단돈 42만 원 들고 일본으로 건너가 메모리폼 베개 사업을 시작하게 된 그때가 스쳐 지나갔다. 더 이상 머뭇거리다가는 큰일 날 것 같다는 위기감이 몰려오며, 수습도 못하고 폭망하는 게 아닌가 두려웠다. 회사를 살리자, 결단을 내리고 사태 수습과 파산을 면하기 위해 법원에 법정관리_{기업회생}를 신청하기에 이르렀다. 병원으로 치면 응급실에 들어가 급히 인공호흡기를 달게 된 것이다.

일시적으로 채권·채무를 동결하는 개시 결정을 받게 되었다. 낯선 법정관리 신청까지 법원의 절차와 과정도 힘들었지만, 그 후 채권자의 동의를 얻는 것도 만만한 일이 아니었다. "산 넘어 산"이란 말이 딱 어울리는 말인 것 같다. 채권은 담보채권과 상거래 같은 신용채권으로 분류되는데 담보권자를 설득하는 일이 매우 어려웠다. 담보채권자로서는 파산시켜 경매로 채권을 회수하면 되는데, 살지 죽을지 누구도 장담할 수 없는 회사에 선뜻 동의해 줄 이유는 없었기 때문이다. 운영자금이 턱없이 모자라고, 직원이 빠져나가는 상황에서 파산으로 가느냐? 채권자 동의로 법정관리 인가를 받아

회생의 길로 가느냐? 하루에도 몇 번씩 운명이 바뀌는 공포가 엄습해 왔다.

채권이 물린 냉랭한 채권자를 일일이 찾아 동의를 구하러 다녔다. 몇 개월에 걸친 조사를 받고 조정하는 동안 회사는 풍전등화 상태에 놓여 있었다. 어렵사리 10개월 만에 법정관리 동의를 구하는 관계인 집회가 열리게 되었다. 파산을 통해 회사를 청산하고 빚잔치를 하자는 채권자가 있었지만, 당일까지 담보권자와 비담보권자신용채권 2/3 동의를 받아 기적적으로 2007년 6월 법정관리 인가를 받았다.

법대 입학 허가법정관리 인가를 받고 신분이 회사 대표에서 법원에서 선임한 관리인으로 바뀌었다. 대표에서 해임되지 않고 관리인이 된 것은 천만다행이었다. 책임감 있게 사건을 수습하고 진두지휘할 수 있게 되었기 때문이다. 가슴을 쓸어내리며 재기의 기회가 주어졌다는 것에 안도했지만, 반면에 앞으로 펼쳐질 일들을 생각하면 숨이 턱 막히고 중압감이 어깨를 누르고 있었다.

이렇게 8년간에 걸친 법정관리 고난의 터널이 시작되었다. 채권자 동의를 받기 위해 밤늦게까지 매달려 다니며, 하도 말을 많이 해서 입에서 단내가 날 정도였다. 답보하는 수개월은 아주 위험한 시기였다. 다 내려놓고 첫값을 치르자는 유혹이 불쑥 찾아오곤 했다. 동의를 못 받았다는 평계로 청산하고 만세 부르자는 자포자기 식 안이함이 지쳐가는 마음을 위로해 주었을 정도였다. 어떻게 하면 채권자 동의를 받을 수 있을까? 자는 동안 꿈속에서도 생각한 것 같다. 우연히 책에서 고스톱에 나오는 비광 이야기를 읽고 끝까지 해 보자는 생각이 번뜩 들었다. 끝까지 포기하지 않고 동의를 받아내는 데 몰입하고 몰두했다.

비광의 위쪽에는 검은 버들가지, 왼쪽 아래에는 노란 개구리 가 있고, 중앙에는 파란 냇물과 우산을 쓴 사람이 있다. 그는 일본의 유명한 서예가 중의 한 사람인 오노도후小野道風라고 한다. 894년생이 니 꽤 오래된 이야기이다. 그가 젊었을 때 서예 공부를 하다가 글씨 가 잘 안 써지자 지루하고 신경질이 나서 붓을 던져 버리고 밖으로 나갔다고 한다. "에라, 모르겠다. 이젠 더 못하겠다. 집어치워야지. 내 가 글을 써서 무얼 하나?" 그때가 장마철이라 밖에는 비가 내리고 있 었다. 우산을 들고 한참 걸어가는데 빗물이 불어난 개울 속에서 개구 리 한 마리가 발버둥을 치고 있었다. 빗물이 불어나서 흙탕물로 변한 개울에서 떠내려가지 않으려고 필사적으로 버티고 있던 것이다.

개구리는 개울 옆 버드나무에 기어오르려고 안간힘을 다했

나는 자다가 성공했다

지만 미끄러지고 허탕만 치고 있었다. 저놈이 얼마나 버티는지 보자. 몇 번 바동거리다가 지쳐서 흙탕물에 쓸려 가겠지, 그는 쪼그리고 앉아서 구경했다. 개구리는 미끄러지고 또 미끄러졌는데, 어느 순간 갑자기 강한 바람이 휘몰아치며 버들가지가 획~하고 개구리 쪽으로 휘어졌다. 그때를 놓치지 않고 개구리는 마침내 버들가지로 뛰어올랐다. 그걸 지켜본 그는 크게 깨달았다. "아~! 어리석은 건 개구리가 아니라, 바로 나였구나. 한낱 미물에 불과한 개구리도 목숨을 다해 노력한 끝에 우연한 기회를 자기 행운으로 바꾸었거늘, 나는 목숨을 걸고 끝까지 해보지 않고 이제껏 불만한 가득했단 말인가. 참 부끄럽다." 그는 그 길로 다시 서당으로 돌아가 필사적으로 서예 연습에 매달려 마침내 일본 제일의 서예가가 되었다고 하는 이야기다.

이것이 "신神을 만나는 단계"가 아닌가 생각한다. 원하고 꿈꾸는 것을 하다 보면 장벽이 나타나게 되어 있다. 오래 매달리다 보면 지쳐서 그만 내려놓고 싶을 때가 있기 마련이다. 다 귀찮고 포기하고 싶을 때가 있다. 무모하다는 주변의 시선도 견디기 힘들 때가 있는데, 이때가 바로 신을 만나는 기회가 아닌가 싶다. 인간이 할 수 있는 최선을 다하고 나서, 더 이상 방법이 없는 한계 상황에 갔을 때 만나게 되는 것이 아닐까 싶다. 풀리지 않았던 숙제가 어느 순간 번뜩 생각이 떠올라 '아 이거다!'하고 불가능해 보였던 해결의 실마리를 찾아냈던 본 경험이 여러 번 있었다. 본질을 붙잡고 문제 속으로 들어가면 마침내 가능성을 발견하는 순간이 나타난다는 사실을 역사를 배우고 일하면서 알게 됐다. 이기적인 욕심이 아닌 세상을 이롭게 하는 간절히 염원으로 계속해서 시도하면, 어느새 신이 슝~하고 나타나 "하늘은 스스로 돕는 자를 돕는다."는 말이 현실로 나타나는 것 같다.

그런데, 이런 깊은 스토리가 있는 비광이 고스톱에서는 대접이 약하다. 보통 광이 세 개 모이면 3점인데 비광이 들어가면 2점이 되고, 4개가 모여야 4점, 5개 모이면 15점이 되는 것은 무슨 이유일까?

나는 자다가 성공했다

03

회사에서 해임된
창업주

법정관리 초기 2년은 구조조정에 매출 감소로 고전했지만, 차츰 매출이 매년 20~30%씩 회복하면서 제때 월급을 지급하는 정상적인 모습을 갖추기 시작했다. 법정관리에 들어오는 대부분 회사의 운명은 파산이나 M&A 등으로 정리된다. 전화위복의 기회로 삼아 자력으로 살아나 기적적으로 졸업하거나, 건설적인 투자 유치로 계속 발전하며 성장하는 회사가 드문 게 현실이다.

업종이 시대의 흐름과 맞지 않거나 현금 유동성 부족, 거래처와 핵심 인력 이탈, 대표자의 의욕 상실, 적대적 M&A 등으로 회사 경영을 제대로 할 수 없는 여러 이유가 있다. 힘을 잃은 회사의 동력을 다시 살리는 것은 매우 어려운 과정이다. 오죽하면 죽어가는 회사 살리는 것보다 새로 창업하는 게 백 번 낫다는 말이 있겠는가?

일터를 보호해 직원의 고용을 유지하고 빚을 갚기 위해 회사를 살려내야 한다는 일념 하나로 버텼다. 남들이 안 된다며, 해 봤자 소용없다는 일들투성이였고, 무모해 보였다. 때론 말도 안 되는 말을 하고 상대방이 어이없어했지만, 들이대며 하나씩 하나씩 해내기 시작했다.

법원에서는 매우 모범적인 회사로 인정하고 있었다. 세금 밀리지 않고, 월급 제때 나가고, 4대 보험 연체하지 않고, 비업무용 자산매각으로 빚을 갚아 나가며, 매출이 원만히 신장하면서 손실이 줄어드는 실적을 높이 평가했다. 비록 인가받을 때의 일정을 정확하게 맞추진 못했지만, 법정관리받는 회사치고는 우수한 사례라며 좋은 기운을 실어주었다. 매일 아침 주문을 외웠다. 사태를 수습할 수 있는 오늘이 있음에 감사하자! 아침 햇살을 보면 기운이 낫다. 당장 눈에 보이는 호전되는 성과는 없었지만, 회사를 지켜 내며 하나씩 풀어갈 수 있다는 기회가 주어진 것만으로 행복했다. 비슷한 시기에 법정관리 인가받은 회사의 대표가 구속되거나 퇴출당하는 것을 보고 섬찟했다. 파산이나 M&A 등으로 퇴출되지 않고 오래 살아 있다 보니, 장수기업이란 소리를 듣기까지 했다.

관리인은 법원의 인사이동 철이 되면 바뀐 파산부에 업무 보고를 하게 된다. 이 시간은 늘 긴장된다. 파산부는 관할 회사의 그룹 총괄 업무를 주관한다고 보면 될 것 같다. 법원에서 파견한 상근 감사님도 계시고, 회사의 전체적인 감사 업무는 기본이다. 한번은 업무 보고를 하는 자리에서 부장판사님이 하신 말씀에 인상이 깊게 박혔다. "회사는 법원에서 안전하게 지켜줄 테니, 하는 업무에 충실하십시오. 팔리는 상품이 있으면 회사는 금세 살아납니다." 이 말은 경영의 핵심이었다. 이것저것 만들어 내지 말고, 팔리는 상품에 집중하라는 메시지로 들렸다. 주임판사님이 나를 소개하면서 하신 말씀에 사기가 올랐다. "황병일 관리인은 회사를 창업해 열심히 일하다가 꿈의 날개도 제대로 펴 보지 못하고 법정관리에 들어왔습니다. 어려움을 딛고 일어서기 위해 분발하고 있는 관리인입니다." 이 말을 듣는 순간 소름이 확 돋는 느낌이었다. 늘 엄하게만 대해 주셨던 평소와는 완전히 다른 따뜻한 모습과 관심 있게 보고 계셨다는 것에 많이 놀라웠다.

10년이란 법정관리 인가 기간을 십분 활용해 회사의 재건과 자력 졸업을 목표로 성과를 올리고 있었다. 문제는 엉뚱한 곳에서 터졌다. 담보권자가 장기채권을 정리하며 법정관리 채권을 부실채권NPL-non performing loan으로 분류, 유동화전문회사 SPC-special purpose company에 매각한 것이다. 채권자가 제3자로 바뀐 것이다. 바뀐 채권자는 채권

회수를 위해 법원에 파산을 요청하는 등 상황이 급속도로 악화되었다. 법원도 지금까지 회사를 보호하는 정책에서 장기간 법정관리를 받으며 인가 조건을 맞추지 못하고 있거나, 한계기업은 조기에 퇴출하는 방식으로 정책 기류가 바뀌고 있었다. 너무 많은 기업이 법정관리에 들어옴으로써 회생가능기업 선별 작업과 업무 과중이 누적되고, 때로는 대표자가 시간을 벌기 위해 제도를 악용하는 등 불미스러운 일이 생겨나면서 엄격한 기준을 적용하기 시작했다.

법정관리 속에 자력 졸업을 할 수 있을 줄 알았는데, 또다시 8년 만에 파산을 걱정해야 하는 상황에 놓였다. 법원과 채권자의 압박이 점점 강해지면서 파산이냐 아니면 채권자의 조건을 따르느냐 둘 중의 하나인 갈림길에 놓였다. 주변에서는 법정관리를 종료하면 황 대표는 회사에서 밀려날 것이 뻔하니, 차라리 회사를 파산시키는 게 낫다는 우려 섞인 조언을 많이 했다. 많이 속상하고, 번뇌하며 참 힘들었다. 자식 같은 회사였기에 내 손으로 파산을 결정할 수가 없었다. 앞날이 순탄하지 않겠다는 예상을 하면서도 회사를 살리고 직원의 고용을 유지하고 고객의 신뢰를 이어가는 길을 택했다. 지금까지 대표의 안위와 자존심에 얽매이지 않고 회사 존속을 위해 동분서주했던 자존감이 있었다.

파산의 위기를 넘기기 위해 여러 채권자를 만나 설득하며 동의를 받아냈다. 그렇게 우여곡절 끝에 8년 3개월 만인 2014년 11월 법정관리를 졸업했다. 비록 자력 졸업은 못했지만, 그날은 영원히 기억될 날이다. 상당한 채무 감면으로 피해를 입힌 채권자들에게 너무 죄송했다. 어떻게든 살아남아 거래 등을 통해서 손실을 보전할 수 있는 길을 모색하기로 마음먹었다. 그날, 다 퇴근하고 혼자 사무실에 있는데 하염없이 눈물이 났다. 지나간 날들이 주마등처럼 스쳐가며 왜 그리 눈물이 나던지 모른다.

대주주가 바뀌며, 소유와 경영을 분리하고 자금 걱정에서 벗어나 전문경영인으로 소신껏 운영할 수 있을 줄 알았다. 하지만, 현실은 영 딴판으로 흘러가고 있었다. 제조 중심 조직과 마케팅 중심 조직은 DNA와 문화가 확연히 달랐기 때문이다. 대주주와 회사 운영 방향에 대한 갈등이 점차 주도권 싸움으로 번지면서 감정이 나빠지게 되었다. 그간 살아온 사고와 방식이 다르지만 회사 발전을 위해 대화해 나가면 다 해결할 수 있을 것이라 생각했지만, 그게 쉽지 않았다. 그런 사이 직원들은 참 힘들었을 것이다. 어느 장단에 춤을 춰야 할지 혼란스러웠을 테니까. 하루 전날 이사회 소집을 통보받았을 때, 직감적으로 올 것이 왔구나 하는 생각이 들었다. 그날 저녁 대주주의 집 근처를 맴돌며 어렵사리 통화를 했다. 해임 건에 대해 다시 한번 고려해 달라며 도와달라고 부탁을 했다.

다음 날, 이사회 결의로 대표이사 해임 통보를 받았다. 하늘이 무너져 내리는 기분, 뭐라 표현할 수 있을까? 한동안 멍했던 기억이 난다. 다리가 후들거려 제대로 걷지 못했고 운전을 하면 핸들이 이리저리 쏠렸다. 그렇게 법정관리 종료 6개월 만에 강제 해임되었다. 창업한 회사에서 16년간 모든 것을 걸고 오직 자식같이 금이야 옥이야 키운 회사에서 쫓겨나는, 드라마에서나 볼 수 있는 장면이 일어났다. 대주주는 대주주 나름대로 기분과 자존심이 상했을 것이다. 자신에게 맞춰주기보다는 해 왔던 방식을 고수하면서 오해와 불신이 더 커진 것 같았다. 일순간 또다시 나락으로 떨어졌다. 세상에 이런 일이 나한테도 일어나는구나. 그 충격적인 사건으로 좌절하고 일어서지 못했다면, 이 책은 세상에 나오지 못했을 것이다.

04

경영 위기는
사장의 책임

　　회사에서 해임되고 나서, 법인 차량을 떠나보
내는 날 오랜 군 생활에서 예편하신 선배님 이야기가 떠올랐다. 운
전병이 집에 자신을 마지막으로 데려다주고 떠나가는 차를 보면서
한동안 눈물을 흘렸다는 얘기였다. 더 이상 장교로서 예우를 받지
못한다는 허전함일까? 오랜 군 생활의 회한이 몰려와서일까? 이제
차 없이 다닐 생각을 하니까, 망막하기도 하고 초라하고 울적한 마
음이 들었다. 슬펐다. 어떻게 하다가 이 지경까지 왔을까? 나 자신을
받아들이기가 무척이나 힘이 들었다.

　　사업이 망하는 이유는 여러 요인이 있다. IMF와 외환위기
등 예상치 못한 외부 요인이나, 매출 부진, 부실채권, 과잉 투자, 직
원의 부정 등 다양한 요인이 있다. 어떤 이유든 냉철히 말하면 망한
책임은 사장에게 있다. 여러 위험 변수에 대비가 소홀했거나, 한눈

을 파는 사이 회사가 조금씩 망가지는 것을 감지하지 못했기 때문이다.

직원에게 배신을 당했다면, 이것도 사장의 책임이다. 그 사람을 뽑고 일을 맡기며 마음까지 얻는 데 실패했기 때문이다. 받아들이기 어렵겠지만, 망한 것에 대한 원인을 남 탓과 외부로만 돌리면 곤란하다. 방어와 자기합리화에 매몰되어 있다면 재기는 더욱 힘들어진다. 자기반성이 먼저이기 때문이다. 냉정하지만, 대비하지 못한 사장의 탓이다. IMF 때 다들 펑펑 나자빠지는데 돈 많이 번 회사가 있고, 불황기에도 성장하는 회사가 있기 마련이다.

철저한 자기반성이 지나쳐 한숨과 한탄, 자기 학대로 이어진다면 심각해진다. 왜 이렇게 됐는지 복기하며 차분히 자기성찰을 해야 한다. 복기를 거듭하며 정교한 자기 성찰로 이어져야 한다. 직원을 믿어야 하지만, 교육과 검증 없는 믿음은 방임이다. 주인처럼 일하자고 강조하지만, 직원은 직원이기 때문이다. 사장이 해야 할 중요한 일을 직원이 대신해 줄 수는 없다. 대부분 생계를 위해 직장에서 일한다. 보람이나 비전을 갖고 묵묵히 일하는 직원도 있지만, 연봉이나 복리후생 등이 좋은 회사로 언제든 옮겨갈 수 있는 권리가 직원에게는 있다.

채용은 했지만, 근무하다 보면 회사 문화와 잘 맞지 않는 직원이 있는 경우, 비성과자, 구조조정 등으로 감원을 할 때가 있다. 회사는 고용주나 피고용주가 서로 이해관계로 뭉쳐 있다고 봐야 한다. 그렇기 때문에 떠나는 직원을 보고 서운하다고만 할 수 없을 노릇이다. 반면에 사장은 거취를 쉽게 결정할 수 없다. 회사 문을 닫기 전까지 꼼짝없이 붙어 있어야 하는 자유롭지 못한 직업이기 때문이다. 진정한 주인 의식을 갖고 일하는 직원의 그릇은 다르다. 이런 직원이 있다면 복 받은 사장님이고 그런 직원은 훗날 창업해 자리잡는 경우가 많다. 직장 생활을 통해 남다르게 일하며 배운 경험을 살려 창업해 잘 사용하는 것이다. 이런 직원이 나가면 회사로 봐서는 아깝지만, 사회에 좋은 일을 한 것으로 만족해야 한다.

직원들이 일을 잘할 수 있도록 교육하고 검증하고 피드백하면서 직원의 역량을 육성해야 한다. 회사의 성장은 대표의 능력도 중요하지만, 이를 뒷받침하는 직원의 역량이 있어야 배가될 수 있다. 조직의 미래는 직원들이 결정하고, 직원의 역량만큼 성장하기 때문이다. 위기 극복 역량을 갖춘 직원이 없다면 이 또한 사장의 책임이다. 사람을 키우지 못했기 때문이다. 직원을 원망할 필요는 없다. 업무 방식의 오류에서 나오는 손실은 눈에 잘 보이지 않는다. 습관화되어 있고 조직에 체화되어 있기 때문에 느끼기 어렵다. 예를 들어, 잘

못된 회의 방식을 들 수 있다. 매번 같은 얘기만 되풀이하면서 시간을 보내는 것이 일하는 것이라 착각한다. 회사의 목표에 걸맞게 진행되고 있는지, 잘못 가고 있으면 다시 정렬해 목표를 이뤄가야 하는데, 실제 회의 진행은 지난 일에 대한 보고 수준을 넘지 못한다.

주유소에서 가장 큰 사고는 무엇일까? 화재를 빼고 생각한다면 "혼유" 사고다. 휘발유차에 경유를 넣거나, 경유차에 휘발유를 주유하는 경우다. 매년 120건 정도 일어난다고 하니 놀랄 일이다. 이 경우 엔진에 무리를 주어 화재까지 발생하는 위험한 상황이 온다고 한다. 이런 일이 생기면 해당 주유소는 큰 피해를 본다. 외제차의 경우 몇천만 원에서 심지어 자동차를 통째로 바꿔 주는 일도 있다고 한다.

회사의 문화와 시스템을 자동차에 비유하자면 주유소 "혼유" 같은 사고가 회사에도 있다. 극단적인 이질화로 회사가 큰 혼란에 빠지거나 망할 수도 있다는 사실을 간과하지 말아야 한다. 사람이 일을 만들어 낸다는 하인리히 법칙이 회사 조직에서 나타난다. 어느새 인원이 늘어나고 업무를 세분화해서 담당자를 앉히는 등 강소기업의 민첩함이 사라지는 일이 생긴다. 부서가 건설적인 경쟁을 하기보다는 비판하고 방관하는 일이 나타나는데, 이를 알면서도 통합하지 못한 책임은 사장에게 있다.

우리는 살면서 다양한 변화에 부닥친다. 매일매일 자잘한 변화에서 때론 인생의 방향을 바꾸어 놓을 만한 거대한 변화를 맞게 된다. 여태까지 경험했던 것보다 훨씬 강도 높은 파도에 휩쓸릴 수도 있다. 충실히 대응하고 준비한다면 파도가 제아무리 높아도 새로운 기회를 포착하면서 파도에 몸을 맡기고 순항을 이어갈 수 있을 것이다. 시대와 시장의 흐름을 읽고 미리 대비하는 것은 대표의 필수 과목이다. "어떤 변화가 오고 어떤 세상이 되더라도 반드시 생존할 수 있다는 길은 있다."고 말한 일본 경영 3인의 한 사람인 마쓰시다 고노스케의, 위험을 대비해 재원을 남겨놓은 "댐 경영"을 늘 염두에 두어야 한다.

초창기 메모리폼 베개 공장을 할 때 있었던 인사 사고가 있었다. 임대 공장이라 크고 작은 공장이 다닥다닥 붙어 있었고 업종도 제각각이라서 주변이 지저분하고 안전관리를 제대로 할 수 없었다. 사업주가 각자 알아서 하는 각자도생이랄까 그런 환경이었다. 어느 날, 밖에서 비명소리가 들렸다. 놀라 창밖을 보는 순간 나는 다리에 힘이 풀렸다. 우리 직원이 몰던 지게차에 옆 공장 근로자의 아이가 치인 것이다. 평소에 아이 부모는 어린이집 보낼 돈을 아끼기 위해서 인지 위험할 수 있는 작업장으로 아이를 데려왔다. 세발 자전거를 타고 노는 아이를 볼 때마다 마음이 편치 않았었다.

겨우 의자에 앉아 가슴이 꽉 막혀 숨을 안정시키기 위해 눈을 감았다. 긴급히 응급실로 후송하고 나서 한동안 멍했다. 공장은 한순간에 초상집이 되었다. 작업을 멈추고 현장 직원을 조기 퇴근시켰다. 어쩔 줄 몰라 당황해 있는 나를 보고 임원이 다가와서, "사장님 병원에 가셔야 합니다. 놀란 가슴에 다리가 떨어지지 않겠지만, 응급실로 가셔야 합니다." 떨고 있는 나를 등 떠미는 듯한 얘기를 듣고 병원으로 향했다. 응급실 앞에 섰는데 다리가 후들거렸다. 아이가 누워 있는 침대를 붙들고 울고 있는 부모님 옆에 서 있는 것 외에는 아무것도 할 수가 없었다. 그러고 나서 몇 시간 후 5살 난 아이는 짧은 삶을 살다 그렇게 하늘나라로 갔다.

사고를 낸 직원의 형사 처리 문제로 경찰서를 갔다. 제정신이 아닌 듯 보였다. 조사와 아이의 장례 절차를 마쳤다. 그 후 보상 문제로 협상을 하며 유가족들과 갈등이 있었지만, 직접 얼굴을 대하면서 자식을 잃은 부모의 입장을 위로하며 처리가 되었다. 만약에 대표가 사고 수습을 직원들에게만 맡겼다면 어떤 일이 생겼을까? 상상하면 끔찍하다. 충격으로 벌벌 떨고 있던 대표가 꺼리는 불편한 장소로 갈 수 있게 등을 떠밀어 준 당시 임원에게 감사한 마음을 간직하고 있다.

"가기 좋고, 듣기 좋은 소리만 듣다가 어느 날 훅 갈 수 있는 자리가 리더다." 잘 못된 것에 원인이 있듯이, 잘되는 것에도 반드시 원인이 있다. 진정한 성공은 잘되는 행동을 꾸준히 했는가에 달려 있다. 프로연주자는 안다고 한다. 하루를 연습하지 않으면 내가 알고, 이틀을 연습하지 않으면 동료가 알고, 삼 일을 연습하지 않으면 청중이 안다. 오늘도 나 자신에게 물어본다. 회사가 잘되는 행동을 꾸준히 하고 있는지 점검해 보자.

거대한 실패와 시련을 통해 깨달은 것은 이 모든 책임과 원인은 사장에게 있다는 것이다. 하루아침에 성공하지 못하듯이, 하루아침에 망하지도 않는다. 크고 작은 징조가 있었지만, 무시했거나 감지하지 못하고 대처하지 못한 것이 원인이었다. 자인하기까지 자존심 상하고 속상했지만, 결국 사장의 책임이었다. 예측대로 다 들어맞지는 않지만, 리더는 미래를 예측할 줄 아는 능력을 키워야 한다. 그래야 시행착오를 줄일 수 있다. 리더는 끊임없이 배워야 한다. 경영은 사람을 키워서 그 사람이 성과를 올리도록 만드는 것이기 때문이다.

05

성공을 위한
오답노트

　"성공은 실패의 시작이고, 실패는 성공의 시작이다."라는 말이 있다. 보통은 실패를 통해서 배운다고 한다. 하지만, 성공과 실패는 서로 연결되어 있기에 성공이나 실패 요인 등을 철저히 분석해야 한다. 같은 실수를 되풀이하지 않고 성공을 이어가기 위함이다.

　바둑판의 프로기사들은 대국을 마치면 승패를 떠나서 반드시 하는 게 있다. 그날의 대국을 다시 복기하는 것이다. 상대방을 이겼다면 승부수는 무엇이었고, 졌다면 뼈아픈 패배의 한 수가 어디서부터 생겼는지를 찾아내는 것이다. 대국을 할 때는 내 수만 보였는데 복기를 하면서 놓친 것을 찾아내고 상대방의 수를 읽지 못한 패배 요인을 찾아낸다. 승리했을 때는 기분 좋아 복기하지 않고, 패배했을 때는 기분 나빠 복기하지 않는다면 완전히 아마추어 기사이다.

뛰어난 프로기사는 승부에 관계없이 철저히 복기를 한다고 한다. 성공에 도취하여 성공 요인을 찾아내지 못한다면 실패로 떨어지는 것은 시간문제임을 알기 때문이다.

베개혁명을 일으킨 메모리폼 베개는 차별화 마케팅이 주효했다. 충격 흡수 목적으로 우주선에 사용하는 소재를 베개에 접목해 인체에 어떤 영향을 주는지 고객이 느낄 수 있도록 초점을 맞췄다. 고객의 마음에 혜택이 인식되면서 고가임에도 불구하고 구매가 이루어졌다. 『CEO 돌파 마케팅』의 저자 경진건 대표는 마케팅 전략을 저원가 전략과 차별화 전략 두 가지로 구별한다. 저원가 전략은 매우 혹독하다. 경쟁사 대비 가격으로 승부를 거는 것을 말한다. 매출 올리기 위해 가장 손쉽게 쓸 수 있는 방법은 가격 할인이다. 진입장벽이 낮을수록 제 살 깎아 먹기식으로 경쟁이 심하게 나타난다.

회사가 어려워지는 요인을 잘 살펴보면 실패를 불렀던 원인을 찾아낼 수 있다. 일관된 정책을 유지하되, 목표를 향한 전략과 전술은 유연성을 갖고 있어야 한다. 오랫동안 성공을 유지하는 것은 성공 요인을 꾸준히 업데이트하면서 행동을 지속했기 때문이다. 실패를 했다면, 실패를 부르는 행동을 꾸준히 해온 결과이다. 성공이든 실패든 그 요인을 찾아내야 한다. 그 일이 매우 고통스럽고 귀찮기도 하다. 하지만, 그 요인을 제대로 철저히 찾아내지 못한다면 성공은 잠시 머물다가 사라져 버린다. 실패는 거듭된 실패로 점철되면서 재기 불능의 상태로 빠질 수 있다.

김영수 저자의 『사마천, 인간의 길을 묻다』에 나오는 내용이다. 유방이 천하를 재통일한 후 군신들과 함께한 자리에서 자신이 천하를 얻고 항우가 천하를 잃은 까닭을 묻는다. 일부 군신이 항우가 유능한 신하를 시기하고 의심하여 전투에 승리해도 그 공을 인정하지 않고 이익도 나누지 않았기 때문에 패배했다고 대답했는데, 이에 대해 유방은 '서한삼걸西漢三杰'을 거론하면서 자신은 세 사람을 얻었기 때문에 천하를 얻었다고 말한다.

그는 서한삼걸에 대해 "군대 막사 안에서 계책을 짜내어 천리 밖의 승부를 결정짓는 일에는 나는 '장자방장량'보다 못하다, 나라를 안정시키고 백성을 어루만지며, 수송로가 끊어지지 않게 양식을 보급하는 일에서 나는 '소하'만 못하다. 또 백만 대군을 통솔하여 싸웠다 하면 승리하고 공격하면 반드시 점령하는 일에서 나는 '한신'만 못하다.'라고 평가했다. 유방의 말대로 한신은 실제 전투에서 혁혁한 공을 세웠고, 소하는 후방에서 전방으로 식량이 끊어지지 않게 보급하는 한편 국내의 민심을 무마하는 공로를 세웠으며, 장량은 전투에는 직접 나서지 않았지만 적절한 전략으로 승리를 거두는 데 큰 역할을 했다. 승리와 패배의 요인을 정확히 분석해 내는 능력은 회사의 성장을 이끌고 생명을 연장시키는 리더가 갖춰야 할 남다른 핵심역량이다.

우리는 살다 보면 버려야 할 것들이 생긴다. 정말 중요한 것은 타이밍이다. 버려야 할 때, 잊어버려야 할 때, 포기해야 할 때가 있다. 그런데 매몰비용 Sunk cost-의사를 결정하고 실행한 이후에 발생하는 비용 중 회수할 수 없는 비용이 아까워 계속 유지하다가 타이밍을 놓치고, 큰 손실을 본 후에야 후회막심하는 일이 생긴다. 남 주기 아까워서 아니면 나의 위치를 낮추고 싶지 않아서, 그냥 허전해서, 어떻게 여기까지 왔는데, 쏟아부은 돈이 얼만데 등등 미련 때문에 망설이며 멈추는 결정을 못 내리며 손실을 키운다. 법정관리를 몇 달만 빨리 들어갔더라면, 구조조정을 좀 더 빨리했더라면 손해를 상당히 줄였을 것이다.

　　태어나면 죽기 마련이다. 이것이 세상의 이치이다. 권력자가 계속 권력을 유지하는 것은 그를 대신할 인물이 없기 때문이기도 하지만 '권력'을 놓지 않으려는 욕심 때문이기도 하다. 선발투수를 적절한 시점에 구원투수로 교체하지 않으면 패전투수가 되는 것은 야구 경기에서 다반사이다. 실패를 되풀이하지 않기 위해서는 멈출 수 있어야 한다. 성공했을 때도 멈출 줄 알아야 한다. 성공에 매료되면, 앞으로도 계속해서 성공이 이어질 것이라 착각한다. 멈추는 것은 성찰의 시간을 갖기 위해서다. 성공은 실패의 시작이고, 실패는 성공의 시작이기 때문이다.

"사람이 영광스러운 이유는
넘어지지 않는 데 있는 것이 아니라
넘어져도 다시 일어나는 데 있다."

–

넬슨 만델라

CHAPTER

03

내 안에 잠자는
희망을 찾자.

01

가정의 안전지대를
확장하자.

행복한 가정이란 무엇일까? 경제적인 상황이 안 좋아지면서 가정이 망가지는 것을 보게 된다. 가족의 안전지대는 무엇일까? 서로 사랑하기에 결혼했고, 아이를 낳고 오손도손 잘 살아왔지만, 그 이면에는 돈이라는 것이 있었다. 돈이 없으면 가정은 안전하지 않은 걸까?

하는 일이 잘될 때는 자녀교육비와 생활비, 카드값, 대출이자 등이 부담되지 않지만, 돈 문제로 씀씀이가 쭐어들기 시작하면 성격이 매우 민감하게 바뀐다. 평소와 다르게 살아야 한다는 불편함이 불만으로 표출된다. 부부 싸움의 원인도, 다 그렇지는 않지만, 경제적인 문제가 화근이 되는 경우가 많다. 사업 실패로 이혼하는 부부가 있는 반면, 부부가 다시 똘똘 뭉쳐 위기를 극복하면서 서로를 의지하며 가정이 회복되는 부부도 많았다. 이런 부부는 결혼생활의 위기를 몰고 온 원인을 찾아내고 상대방을 존중하는 대화로 가정 파탄의 순간을 지혜롭게 넘긴다.

가정의 불행을 원하는 사람은 없을 것이다. 사업하는 에는 궁극적으로 내 가정의 행복이 중요한 자리를 차지한다. 직업이 있기 때문에 가정을 꾸려 나갈 수 있다. 결혼 생활하며 부딪치게 되는 여러 문제 앞에서 가정을 지켜낼 수 있는 방법을 찾아 끝까지 노력하면 좋겠다. 첫 번째 창업한 회사의 부도로 겪었던 이야기다. 카드 빚독촉에 채권자가 집에까지 찾아와 난리를 치는 등 이루 말할 수 없는 일들이 연속적으로 터졌다. 집에 못 들어가 동네 찜질방에서 잠을 청해야 하는 날도 있었다.

돈 문제로 부부 싸움을 한 날이었다. 큰 소리가 오가며 나는 집을 나와 버렸다. 살림하는 아내로서는 경제적인 부분으로 매우 예민해질 수밖에 없었던 것이다. 나는 그걸 미처 헤아리지 못하고 뻔히 사정 알면서 왜 그러냐고 오히려 큰소리를 쳤다. 지금 생각하면 겁도 없이 말이다. 집을 나와 동네 뒷산을 멍하니 걷고 있었는데, 핸드폰 음성메시지가 들어왔다. 엄마 아빠가 싸우는 것을 어린 딸이 본 모양이다. "아빠, 힘~내라! 힘~내라! 힘~내라!"는 메시지가 들려왔다. 순간 가슴이 뭉클해지며 눈물이 왈칵 쏟아졌다. 다시, 정신을 차리고 집으로 돌아왔다. 아내와 분위기는 냉랭했지만 무언의 화해를 했다.

삶의 의욕을 되살리는 불쏘시개 역할을 아이들이 한 것이었다. 아빠, 힘~내라! 힘~내라! 힘~내라! 지금 사업 실패나 어려움에 봉착해 실의에 빠져 있다면 원망과 상대방을 탓하는 시간을 대신해 가족을 생각하는 시간을 가지길 바란다. 사모님으로 대우받으며 전업주부로만 살았던 아내는 일을 나가기 시작했다. 한 푼이라도 벌기 위해서이다. 가사일을 분담했다. 평소에는 거의 하지 않았던 집안 청소 등을 하면서부터 관계가 좋아지기 시작했다. 서로의 역할이 바뀔 때가 있다. 부부가 함께 일할 수도 있고, 때로는 아내가 남편을 대신해 일할 수도 있는 것이다.

평소에 가부장적인 남편이었지만 실직이나 퇴직, 사업 부진 등으로 집에 생활비를 갖다주지 못하는 경우라면 더욱 더, 남편은 체면을 내려놓고 가사를 돕고, 아내를 배려해 주는 역할을 해야 한다. 아내는 남편의 어려움을 알고 있다. 겉으로는 짜증 섞인 말을 할 때가 있지만, 뒤돌아서 매우 가슴 아파한다. 남편이 힘내기를 원한다. 부부이혼 사유에 성격 차이와 경제적인 것이 큰 부분을 차지한다고 한다. 하지만, 결혼 생활 전문상담자의 분석은 다르게 나왔다. 바로, 대화기술의 부족이란 결론을 내렸다. 상대방의 입장, 처지를 서로 바꾸어 생각하는, 역지사지易地思之하는 대화법이 부부 사이에 작동하지 않아서 이혼한다고 한다.

어차피 벌어진 일, 부부가 바라는 것은 위안과 위로, 인정이고 자기 얘기를 들어주길 바라는데, 이를 알아주지 못하고 돈으로 다 해결하려 하고 결국에는 지난 일을 끄집어내며 기분을 상하게 만들어 버린다. 이 위기를 손잡고 극복해 가자는 좋은 감정이 일순간 사라져 버리게 만든다. 감정적 대화를 일방적으로 하니까, 사소한 것으로 상처를 주고받으며 부부 싸움으로 번지고, 결국 감정의 골이 깊어지고 하면서 이혼에 이르게 한다. 가정의 안전지대를 키우고 지켜 내는 것은 위기를 기회로 바꿀 때 가능해진다. 순탄하기만 한 가정이라면 안전지대가 좁기 때문에 조금만 안전지대 밖으로 나가면 불안해하고 쓰러지기 쉬울 것이다. 위기로 온 가족이 똘똘 뭉쳐 사업을 일으켜 세운 분들이 있다. 고난을 대하는 자세와 태도에 따라 결과가 확연히 달라짐을 알 수 있다. 고난과 역경이 오히려 가족의 자생력을 키워, 어떤 난관에도 깨지지 않고 안전지대를 넓혀가는 행복한 가정을 실현해 갔으면 좋겠다.

아사다 지로가 20년에 걸쳐 집필한 『칼에 지다』에 나오는 어수룩한 촌뜨기 무사 요시무라 간이치로 이야기다. 어떤 대의보다 가족을 지키기 위해 어떤 고통이든 감내하는 것이야말로 진정한 무사도가 아니겠냐고 그는 말한다. 사무라이는 본래 멋지게 싸우고, 대의 앞에서 배를 가르고 장렬히 죽어야 하는데, 안 죽는다. 처자식을 먹여 살리기 위해 사무라이답지 않게 찌질이처럼 산다.

주인공은 진짜 할복해야 하는 상황이 오자 딸에게 편지를 보낸다. "아빠에게 주군은 나라의 나리님도 아니고 조장도 아니고 너희들이었다. 너희들이 죽으라 하면 아빠는 언제든지 죽을 수 있었다."는 내용이다. 그때까지 사무라이답지 않게 비굴하고 창피해 보이는 삶을 살았던 이유는 가족 때문이었다. 큰소리치고, 대의명분을 외치면서 멋있어 보이는 당당함으로 목숨을 바치는 사무라이와는 대조적이었다. 대신 가족에 대한 사랑을 지키기 위해 굴욕을 참고 생명의 존엄성을 일깨우는 내용에 큰 감명을 받았다.

세상에 완벽한 부부, 가족은 어디에도 없다. 완벽한 환경을 가진 사람도 없다. 재벌 회장님이라고 완벽한 삶을 살 수 있었을까? 환경에 기대어 살면 상대방에 대한 원망만 쌓인다. 환경은 시시때때로 달라지고 변한다. 그러나 마음만큼은 어떤 상황에서도 지켜낼 수

있어야 한다. 가족은 짐이 아니다. 가족은 삶의 목적이, 살아갈 수
있는 버팀목이 되어 준다.

02

벼랑 끝에서
떨어져 날아 보자.

부도날 때나, 법정관리 신청할 때, 어떻게든 부도는 면하자, 법정관리는 면하자는 일념으로 온 사방에서 돈을 끌어 모아 회사에 집어넣으며 연명했다. 그때는 벼랑 끝에서 떨어지는 것이 너무나 두렵고 무서웠다. 하지만 벼랑 끝에서 바둥바둥할 바에야 확실히 떨어져 부딪치고 나아갔으면 차라리 피해와 손해를 훨씬 줄였을 것이다.

전화를 피하기도 하고, 사람 만나는 것을 극히 꺼렸다. 있어도 없다고 했다. 좀 편할 줄 알았는데 전혀 그렇지 않았다. 그런 사이 불신만 커졌고, 일은 점점 더 악화되며 호전되지 않았다. 불안한 마음으로 몸이 나빠지면서 심약한 단계로 빠져들고 말았다. 위기를 극복하려면 피하지 않고, 정면 승부를 걸어야 한다는 말을 믿고 과감히 벼랑 끝에서 떨어져 현실과 맞서기로 마음먹으니 오히려 편해졌다. 벼랑 끝에서 떨어지기 무서워 간들간들 서 있는 자신의 모습을 발견하고는 얼마나 초라하고 비굴해 보였는지 모른다. 정신이 번쩍 들었다. 해결을 위해 문제 속으로 들어가자. 그 길이 지름길이다.

회사 경영이 어려워지면서 월급을 밀리기 시작했다. 직원들 얼굴 보기가 힘들었고 너무 미안했다. 직원 월급을 한 번도 밀린 적이 없다는 사장님의 기사를 보면 부끄럽기까지 하다. 현금 유동성 위기로 2005년 하반기부터 2007년 말까지 약 2년간 월급이 몇 달씩 밀리며 부정기적으로 나갔다. 직장인의 월급은 생존에 필요한 피 같은 존재인데 불규칙적으로 나갔으니 생활이 곤란했을 것이다. 법정관리기업회생에 들어가며 감원을 하게 되었고, 이로 인한 퇴직금이 눈덩이처럼 불어났다. 재고 누적에 판매 감소까지 매달 월급 주기도 버거운 상황에서 퇴직금까지 엎어지니까, 자금 부족으로 헤어나기가 무척 어려웠다. 매일 망막한 날이 이어졌다. 퇴직자와 근로자 66명의 임금이 체불되며 어느새 금액이 5억 원으로 불어났다.

거의 년 동안은 매주 노동부에 가서 조사를 받는 것이 일상화되었다. 금액이 많다 보니 검찰에 고발되어 조사를 받고 재판에 넘겨졌다. 처음엔 고발하는 직원이 야속했다. 회사 사정 누구보다 잘 알 텐데 고발까지 해서 노동부를 왔다 갔다 하는 시간이 너무나 아까웠다. 속상하고 무정하다는 생각까지 들었다.

몇 번의 조사를 받으면서, 직원들의 입장에서 생각해 보게 되었다. 월급은 생계를 위한 생활비로 각자 자녀교육비, 이자, 카드 결제 등 여러 쓸모로 사용해야 하는데 차질이 생겼으니 얼마나 어려울까? 내가 사업주 입장에서 야속하다, 아쉽다는 생각만 했지 직원의 입장에서 생각하고 배려를 제대로 하지 않았다는 것을 깨닫게 되었다. 너무 미안하고 죄송스러웠다. 월급을 밀리게 되면서 양해를 구하기 위해 직원들 모인 자리에서 말을 꺼냈다가 봉변(?) 같은 혼쭐이 난 적이 있었다. 그 충격으로 한동안 정신을 못 차리며 헤맸고 다녔던 기억이 난다. 내가 왜 사업을 하지? 이런 소리까지 들어야 하나? 사업을 해 온 것에 후회가 몰려왔다.

옆에서 힘내라고 위로해 주는 말이 귀에 들어오지 않았다. 꺾인 의욕이 되살아나지 않았다. 훗날, 사장의 임무를 생각하게 되면서, 사업의 어려움이 내부이든 외부이든 "다 사장이 지고 갈 짐이고 책임이다."라는 마음가짐을 갖게 되면서 심리적 안정을 차츰 회복했다. 매달 법원에 출두 재판을 받게 되었다. 당시, 검찰은 체불액이 크다며 징역 3년을 구하는 요청을 재판부에 했었다. 헉, 3년, 사기 치거나 빼돌린 것 없이 사태를 수습하고 회사 재건에 온 에너지를 쏟는 중에 앞이 깜깜했던 기억이 난다.

매달 월급에 체불된 급여를 분할해서 지급하고 있는 자료를 재판부에 증거로 제출했다. 다행히, 2008년 상반기 퇴직금과 체불임금을 전액 지불했다. 처벌은 받지 않겠구나 생각했는데 재판부에서의 해석은 달랐다. 임금 체불한 행위가 있기에 처벌은 면할 수 없다는 입장이었고, 검찰에서는 1년 6개월 구형을 요구했다.

재판부에서는 매월 갚아나가고 있는 피고를 고려하여 처벌을 면할 수 있는 방법이 하나 있는데, 66명의 인감증명서가 첨부된, 처벌을 원치 않는다는 확인서를 제출하라는 것이었다. 검찰의 청구를 기각할 수 있다는 입장을 밝혀 주었다. 약 10개월에 걸쳐 퇴직자를 포함한 66명의 확인서를 받기 위해 뛰어다녔다. 부끄럽지만 퇴직자 중 얼굴도 모르는 분도 있었다. 백화점 현장 직원들까지 전부 알지는 못했다. 월급 다 받았는데, 왜 인감증명서를 첨부한 확인서를 해줘야 하냐며, 재판이 열리기 3일 전까지 버티며 만나주지 않은 3명이 남았다.

부천, 영등포, 의정부에 있는 집으로 무작정 찾아갔다. 임신한 퇴직자를 찾아갔고, 다른 회사 취직한 분을 찾아갔고, 병역특례로 제대한 직원을 찾아갔다. 아버지를 만나고, 신랑과 통화하고, 다른 곳에 사용하지 않겠다는 각서와 인감증명서를 교환하기도 했다.

마지막 한 명의 합의서는 재판 전날 저녁 6시에 받았는데 동사무소에 같이 갔다 오며 했던 말이 생각난다. "어려운 사람을 도와준 것은 정말 잘하신 일입니다. 앞으로 좋은 일 많이 생길 겁니다. 사업 잘하겠습니다. 고맙습니다."

다음 날, 마지막 3명까지 66명 전원의 합의서를 보고 재판부는 검찰의 요청을 기각했다. 처벌을 면할 수 있었다. 법원을 나오며, 두 팔 벌려 하늘을 보았다. 양껏 숨을 쉬었다. "감사합니다. 고맙습니다." 직원에게 죄를 지었던 사장의 도리를 다한 것 같아 뿌듯한 기분에 눈물이 맺혔다. 지금도 사업을 하며 가장 보람되고 기쁜 일을 들라 하면 퇴직금과 체불 임금을 해결하고 합의서를 받아 처벌을 면했던 감격의 순간이 기억에 남는다. 두렵지만 문제를 피하지 않고, 그 속으로 들어가 부딪치며 나갔던 것이 바로 지름길이었음을 깨닫게 해 준 사건이었다. 좋은 사람들을 만났고, 서운함이 해소되었으며 서로의 입장을 헤아리며 관계의 성숙과 성찰의 기회를 만들어 주었다.

"절벽 가까이 나를 부르셔서 다가갔다.

절벽 끝에 더 가까이 오라고 하셔서 더 다가갔다.

그랬더니 절벽에 겨우 발을 붙이고 서 있는 나를

절벽 아래로 밀어 버리는 것이었다.

물론 나는 그 절벽 아래로 떨어졌다.

그런데 나는 그때까지 내가 날 수 있다는 사실을 몰랐다."

03

꺼져가는 불에는
불씨가 남아 있다.

　　　　　황 사장 회사는 망했다. 법정관리 신청하면서
업계에서 돌아다닌 얘기였다. 회사 재건은 힘들어, 빚이 어마어마하
고 매출도 반 토막이 난 지 오래야, 직원도 많이 떠나, 누구 하나 긍
정적으로 희망적으로 말하는 사람이 없었다. 그렇다고 이대로 주저
앉아 죽는 날만 기다릴 수는 없었다. 회사는 꺼져 가고 있어서 사기
는 완전 바닥이었다. 똑똑한 직원들은 회사를 나갔고 뭘 해보고 싶
어도 동참을 이끌어 내기가 암담했다. 희망이라고는 도대체 보이지
않았다.

　　　　　고민을 깊게 많이 하다 보면 보이는 것이 생긴다. 비록 꺼져
가는 회사였지만, 그래도 불씨는 아직 남아 있다는 생각이 들었다.
예전에 비해 화려하거나 역동적이지는 않았지만, 회사에 불씨가 있

었다. 제조 시설과 백화점 유통 채널, 현장 직원 등이 아직 살아 있는 작은 불씨를 보게 됐다. "다시 살려 보자, 살리는 것 빼고는 다른 생각하지 말자." 이렇게 시야를 좁혀 보기로 했다.

어느 날 집 베란다에서 혹독한 겨울 보내고 난 선인장이 꽃을 피웠다. 가진 것이 없다고 단정하고 해결의 실마리를 외부에서 찾아 다녔던 시기였다. 의기소침에 있을 때 보란 듯이 선인장은 뭔가를 말하고 있었다. 그 장면에 감격하여 페이스북에 포스팅해 올렸다.

우리집 선인장이 꽃을 피웠다. 10년은 같이 산 것 같다. 주인을 잘못 만나 고생 무진장했다. 사업을 축소하며 추운 날 이사하는 바람에 죽을 뻔 했었다. 죽었다고 생각했다. 수분을 품고 있는 선인장이 강추위를 만났으니, 잎이 얼어서 축 늘어졌다. '죽었구나.'

주인이 보살펴주지 못해 미안했었다. 그냥 날씨도 춥고 마음도 춥고 해서 베란다에 그냥 방치해 놓았는데, 봄이 되면서 조금씩 살아나고 있는 것이 아닌가? 정말 놀라웠다. 이 선인장은 몇 해를 추우나 더우나 베란다에 있었다. 신기하게도 꽃을 피우기 시작했다. 그 느낌은 하나의 감동이었고, 감사였다.

그렇게 추위 속에서 견뎌 내며 살았던 선인장에겐 지난 겨울은 아주 혹독했다. 완전히 얼었다. '이젠 완전히 죽었구나.' 포기하면서도, 마음 한구석에 아쉬움이 있어서 쌀 포대로 유리창의 찬기를 막아주었다. 실내로 들어오면 급작스러운 온도 차로 더 안 좋아질 것이란 생각에, 말라버린 것은 버렸고 앙상하지만 형태를 갖고 있는 것을 골라 작은 화분으로 옮겨 심었다. 혹시나 살려나 해서. 그런데 선인장이 꽃을 피운 것이다. 넘 이쁘고 감동이다.

환경의 변화로 원래 두툼했던 선인장의 잎은 얇아졌다. 수분을 품고 겨울을 보내면서 혼이 났던 경험을 기억하며 살기 위해 변화한 것 같다. 환경에 적응하고 자신을 변화시키며, 꽃을 피운 우리 집 귀한 선인장, 네가 있어 기쁘고 감사하다.

너를 보며 오늘도 배운다. "보기에 죽었다고 해도, 생명의 뿌리가 있으면 살아난다."는 것을. 환경을 탓하지 않고, 생존을 위해 자신 본연의 모습까지도 변화시키며 꽃을 피우는 것을 봤다. 나는 그렇게 하고 있나? 선인장을 보며 이렇게 물어볼

수 있는 아침이 있어 감사하다. 그 겨울을 견뎌내고 꽃이 피
피었구나.

연꽃같이 물이 늘 많아야 꽃을 피우는 식물도 있지만, 대부
분의 식물은 물이 부족해야 꽃이 핀다고 한다. 물이 풍성해야 꽃이
필 것 같은데, 이상하다. 물이 많으면 뿌리를 깊게 내리지 않고 번식
을 위해 꽃을 피우지 않는다고 한다. 그렇다. 결핍이 창조의 에너지
가 되었다. 살아남기 위해 온 힘 써서 번식하는 것이었다.

남들이 죽었다고 하지만, 지금 갖고 있는 무언가는 반드시
있다. 그 무언가가 뭔지를 찾아내자. 돈만 있으면 해결될 것 같지만,
그렇지 않았다. 눈에 잘 보이지 않더라도 끝까지 찾아내 보자. 그 불
씨를 찾아내는 것에서 자신감이 회복되기 시작했다. "희망은 보이
는 것이 아니라, 스스로 만드는 것이었다."

낯선 길은,
나에게 신작로다.

법정관리 2~3년 사이 회사는 늘 자금이 부족했다. 홍보나 마케팅을 하고 싶어도 돈이 없어서 할 게 없어 보였다. 하지만, 그렇지 않았다. 상대방, 경쟁사들과 같은 전략으로 싸우려고 하니까, 길이 보이지 않았던 것이었다. 시야를 바꿔서 상대방이 하지 않는 것이 무엇인지를 찾아내고, 동시에 상대방은 없고 우리가 갖고 있는 것은 무엇인지 직원과 세밀하게 찾아내기 시작했다. 특별한 투자 없이 우리가 갖고 있는 강점과 핵심경쟁력을 정의하는 데 집중했다.

새로운 관점으로 보는 것은 그간 다니지 않았던 길을 가는 것과 같다. 낯선 길이고 차가 잘 다니지 않는 신작로다. 지금도 새로운 도로가 개통되면 초창기에는 아주 한가하다. 어느 정도 시간이 지나야 자동차 통행량이 늘어나며 이용자가 차츰 증가한다. 평소 익숙했던 길로 가지 않고, 새 길로 자동차를 몰고 가는 것도 생각보다 쉽지 않다. 왜냐하면 변화를 싫어하는 인간의 본성이 발동하기 때문이다. 회사에서 새로운 일을 하자면 당연히 저항하는 세력은 어디든 다 있고, 현실로 나타난다.

대기업이나 은행 등은 근무지 이동이나 보직 변경이 대체로 잘 이루어지는 편이다. 하지만, 중소기업은 저항이 만만치 않다. 심지어 퇴직으로 이어지는 경우도 많다. 새로운 일을 맡기면 나가라는 의미로 받아들이는 직원도 있고, 기존에 하고 있는 것에서 조금이라도 벗어나는 것에 극도의 거부감을 갖는 직원도 있다.

아인슈타인은 "같은 생각과 행동을 하며 변화를 기대하는 것은 어리석은 일이다."라고 했다. 지금 하고 있는 일, 하고 싶은 일만을 하려고 고집하는 직원을 설득하며 마음을 얻기 위해 독서클럽 등을 통해 8년 동안 192회 모였고 576번 얘기했다.

"어려운 회사일수록 새로운 길로 가는 차별화 전략만이 살 길이다. 저원가 전략으로는 살 수 없다. 우리만이 해낼 수 있는 차별화 역량을 찾고 만들자." 다들 반신반의했지만, 매년 성과를 올리며

20~30% 매출 성장을 이루어낼 수 있었다. 익숙한 길에서는 새로움이 잘 보이지 않는다. 이쪽저쪽 다른 길을 가보면 경치가 다르고 건물이 다르고 만나는 사람이 달라지면서 새로운 시야가 열리기 시작한다. 다각도로 생각하는 훈련을 일상생활에서 실천해 보자. 안개가 걷히며 길이 보일 것이다.

"낯선 길은 신작로다."라는 생각은 긍정적 마인드에서부터 출발한다. 현실을 보면 막막하지만, 어차피 벌어진 일, 지금까지 해왔던 생각의 틀, 즉 프레임을 벗어나지 않으면 돌파구가 보이지 않는다. 전화위복은 생각의 틀을 벗어나는 것에서 시작한다. 지금까지 해 왔던 생각의 굴레를 맴돌고 있는 것은 아닌지, 자신한테, 멘토한테, 주변 분들을 통해 점검해 봐야 한다. 결정은 자신이 내리고 생각하는 대로 시간이라는 마법이 활동하며 현실로 이루어진다.

경쟁사와 경쟁하지 않고 영업할 수 있는 길을 찾고 실행하면서 자신감이 붙기 시작했다. 철저히 우리는 갖고 있는데 경쟁사는 없는 것, 경쟁사가 하지 않는 것, 경쟁사가 할 수 없는 것, 경쟁사가 지속적으로 하지 않는 것, 돈들이지 않고 경쟁사가 엄두를 내지 못하게 하는 것 등 하나하나 찾아내고 실행해 나갔다.

아래는 신작로를 가면서 실천했던 내용이다. 메모해 놓고 수시로 보는 동안 없었던 강점이 생성되기 시작했다.

① 가장 잘할 수 있는 핵심에 집중한다.
② 구경꾼들의 예상을 깨뜨리자.
③ 사업은 돈으로 하는 것이 아니다.
④ 문제 해결을 위한 정답보다, 해답을 찾는다.
⑤ 수모는 순간이고, 결과는 영원하다.
⑥ 소를 잃어도 외양간을 고친다.
⑦ 나 혼자는 할 수 없다, 사람이 제일이다.

생전 처음으로 3.5t 화물 트럭에 사용하지 않는 금형을 싣고 가 고철값을 받아 현금으로 바꿔온 적이 있다. 화물차라곤 한 번도 운전해 보지 않았는데 무슨 용기로 몰고 갔는지 지금도 신기하다. 극한의 상황에 처하면 하지 않았던 것을 하게 되는 용기가 생기는 것 같다. 성공하는 사람들은 그렇지 못한 사람들이 하기 싫어하는 일을 한다. 그리고 반전을 이루어낸다.

05

~~~

반대로 해보자,
반전이 있다.

인생의 부침을 겪으면서 수시로 스트레스를 받는다. 직장 생활도 예외는 아니다. 스트레스 속에 우리가 산다고 할 수 있다. 얼굴에 미소가 사라지고, 창백한 얼굴을 할 때가 있다. 한때, 인상이 차갑고 인사를 잘 하지 않는다는 평판을 들었다. 친한 사람은 잘 느끼지 못하는 것 같았지만, 방향을 잃고 혼돈 속에 있다 보니 인사성이 없어지고 인상이 차갑게 변한 것 같았다. 웃는 얼굴에 침 못 뱉는다는 말도 있는데, 세상 온갖 짐을 다 지고 사는 것처럼, 인상 쓰고 다니니 좋은 일이 오다가도 도망갔을 것이다.

아침에 거울을 보고 깜짝 놀랐다. 억지로 출근하는, 마치 도살장으로 끌려가는 듯한 무기력한 나 자신이 보이기 시작했다. 이러다가는 안 되겠다는 생각이 불현듯 들었다. "행복해서 웃는 게 아니라, 웃기에 행복한 거라고"하는 웃음 강의 광고를 보고 토요일 아침 강의장을 찾았다. 생전 처음 보는 사람들과 어울려 실컷 웃었다. 강의 중 웃지 않으면 끝내지 않으니까 억지로라도 웃어야 했는데, 왠지 기분이 한층 좋아짐을 느꼈다. 우리의 뇌는 웃겨서 웃나, 의도적으로 웃나 같은 인식을 한다는 얘기를 듣고 나니, 웃으면 복이 온다는 말이 그냥 나온 말이 아니었다.

인상이 펴지고 직원들에게 웃는 얼굴로 대하기 시작했다. 손님을 만날 때나 거래처에 부탁할 때도 생기 있는 얼굴로 만나게 되었다. 이왕 할 거면 웃으며 하자. 보통 법원에 오는 사람들의 얼굴은 냉랭하다. 전체적인 분위기가 무겁다. 그렇다 보니 위축되어 할 말을 제대로 못 하고 나오는 경우가 많다. 밝은 얼굴로 반대로 했다. 궁금한 것과 건의할 내용을 분명히 얘기했다.

한번은 출장하기 전 처리하고 갈 중요한 서류가 내려오지 않았던 적이 있다. 법원 관리 위원에게 문의하게 됐는데, 업무량이 많아서 일일이 챙기지 못한다는 말을 들었다. 관리 위원에게 담당 판사님을 뵙게 해달라고 요청을 하고, 재차 확인하고 해서 출장 전 중요한 업무를 처리할 수 있었다. 웃으며 들이대고 접근하는 사람에게는 뭐라 하지 못하는 것 같다. 어려움 속에서 비범하게 행동하는 것,

이게 경쟁력이 아닐까? 누구나 넘어진다. 일어나는 사람은 뭔가 다른 점이 있다. 그 뭔가가 무엇일까? 나 스스로 삶의 의욕을 심는 행동을 하는 것이다.

〈눈물의 계곡을 지날 때 실천한 십계명〉

① 넘어지지 않는 사람은 없다. 나는 일어날 수 있다.
② 난국을 타개하기 위한 정답은 없지만, 해답은 있다.
③ 만나고 싶지 않은 사람 만나고, 받기 싫은 전화 받는다.
④ 오지 말라는 곳일수록 무조건 찾아간다.
⑤ 어려움을 솔직히 고백하고 도움을 요청한다.
⑥ 사장실을 없애고 현장에 있는다.
⑦ 여러 사람의 자문을 구하고, 결정은 내가 한다. 책임도 내가 진다.
⑧ 매일 아침 난관을 극복할 수 있는 오늘이 있음에 감사한다.
⑨ 한방에 만회하려는 생각을 갖지 않는다.
⑩ 당장은 틀려 보일지라도 바른 판단은 끝까지 지킨다.

위 내용은 수첩에 붙여 놓고 수시로 보고 점검하며 실천했던 십계명이다. 평소와 다른 행동을 할 때마다 부끄러울 때가 한두 번이 아니었다. 차츰 익숙해 지면서 자신감이 붙기 시작했다. 아기는 걷기를 배우는 동안에 넘어지는 데 많은 시간을 보낸다. 걷기성공보다 넘어지기실패를 훨씬 더 많이 경험했을 것이다. 넘어질 때마다 "나는 걷는 데 소질이 없다."며 평생 기어 다닐까? 이런 생각을 처음부터 하지 않았을 것이다. 걷기가 능숙해질 때까지 다시 일어나 걸었다.

실패를 딛고 일어서는 사람들은 성공하지 못한 사람들이 하려고 하지 않는 것을 하는 사람이다. 내 편한 행동은 최대한 자제하고, 평소와 다른 반대의 행동을 꾸준히 실행하는 강점을 가진 사람이다. 희망을 품는 것은 씨를 파종하는 것과 같다. 앞뒤가 꽉 막힌 상황에서 희망을 보기란 여간 힘든 일 아니다. 봄에 화려하게 핀 유채꽃을 상상하고 회사 분위기를 밝게 하고 싶었다. 그래서 회사 공터에 유채꽃 씨를 파종한 것이 초겨울이었다. 그전에는 유채는 겨울에 씨를 뿌려야 한다는 사실을 몰랐다.

그해 겨울은 정말 매섭게 추웠다. 몇 년 만에 불어닥친 한파였다. 풀 한 포기 날 것 같지 않은 꽁꽁 얼어붙은 맨땅을 바라봤다. 씨가 전부 얼어 죽지 않았을까 하는 의문이 들 정도의 강추위였다. 씨를 뿌리고 나서 그 어려웠던 시절을 이끌어 주고 버틸 수 있도록 도와준 희망은 "봄에 유채꽃이 핀다." 였다. 봄이 되면서 차츰 언 땅이 녹고 하나둘 올라오기 시작한 줄기를 목격했다. 자연의 생명력에 저절로 감탄이 나왔다. 곧이어 꽃이 피기 시작하자 순식간에 노랗게 밭을 덮으며 장관을 이뤘다. 온 동네의 벌들이 몰려오기 시작했다. 놀라운 장관이 연출됐다. 꿀을 따는 장면을 한동안 봤다. 그 감동은 정말 어마어마했다. 몸에 좋은 기운이 훅 들어오는 느낌이랄까. 그 기운은 큰 힘이 되었고, 용기를 내게 만들어 주었다.

06

어두울 때 빛나는 것은
별이다.

먹고 사는 문제에 봉착하면 사람은 예민해진다. 지금보다 못살게 되는 것은 아닌지, 집을 줄여 가야 하는 것인지, 돈을 못 갚게 되는 것은 아닌지 등등 자신이 누려온 것과 비교하며, 외부의 시선을 의식하게 된다. 누구나 있는 인간의 모습이다. 이럴 때 어떻게 사는 게 지혜로운 삶일까? 고민을 많이 했다.

"죽을 것 같았던 상처가 별이 되어 나타난다."는 말이 있다. 나를 혹독하게 훈련시킨 고난은 어두움 속에서 빛나는 별을 만들어 내는 과정이라고 믿는다. 남들이 보기에 의아하고 하찮게 보이는 행동이 훗날 보석 같은 스토리로 빛나는 별이 되는 것 같다. 때로는 구차하게 보이고 저렇게까지 할 필요가 있나 등 별의별 소리를 다 듣게 된다.

나는 자다가 성공했다

1849년 12월, 훗날 러시아의 대문호 도스토옙스키를 만든 순간이 있었다. 사형 집행을 앞두고 그의 얼굴은 두건으로 가려져 있었고, 병사들의 소총이 그의 가슴을 겨누고 있었다. 그는 여섯 번째 사형수였고 이미 세 사람은 사형대의 기둥에 묶여 있었다. 눈앞이 캄캄하고 온몸이 공포로 조여 들어오는 순간 도스토옙스키는 하늘을 우러러 맹세했다. "만약 내가 여기서 살아 나간다면 남은 인생의 1분 1초도 허비하지 않겠다."

　　이제 땅 위에서 살아 있을 시간은 꼭 5분이 남았다. 아는 사람들에게 최후의 인사를 하는 데 2분, 오늘까지 살아온 생활과 생각을 정리하는 데 2분, 그리고 발을 붙이고 살던 땅과 자연을 돌아보는 데 나머지 1분을 쓰기로 했다. 그 순간 기적이 일어났다. 마차 한 대가 광장을 가로질러 오더니 뛰어내리며 소리쳤다.

　　"사형을 중지하라. 황제의 명이다. 사형을 중지하라."
　　최악의 순간이 최고의 순간으로 바뀌게 된 것이다. 자유의 몸이 된 그때부터 도스토옙스키는 죽는 날까지 열정적으로 글을 쓰기 시작했다. 유형 생활 10년 만에 돌아온 그는 혁명가가 아닌, 깊은 신앙심으로 러시아와 서구를 물질문명으로부터 구원해야 한다는 신념으로 글을 썼다.

그는 도시의 뒷골목과 지하실의 사람들, 가난한 학생, 하급 관리들, 학대받고 고통받는 사람들, 그들의 고뇌를 치밀하게 묘사하면서 세계 문학사상 위대한 작품으로 꼽히는 『죄와 벌』, 『카라마조프가의 형제들』 등과 같은 대작을 남겼다. 삶의 목적을 달성하기 위해서는 크고 작은 목표가 있다. 그게 사업일 수 있고, 장사일 수 있고, 공무원이나 직장 생활일 수도 있다. 이 목표는 목적 달성을 위한 하나의 수단이다. 목표 달성을 못 한 것을 가지고 마치, 인생의 실패자로 스스로 낙인찍어서는 안 되겠다.

실패를 거듭하는 사람은 애당초 잘못된 목표를 세우거나, 목표에 부합하지 않는 행동을 하는 데 원인이 있을 수 있다. 잘못된 목표는 허상을 낳는다. 목표에 맞지 않는 행동은 주변을 원망하고 자신의 합리화에 급급하게 만든다. 또한, 할 수 있는 것 중에서 어려움이 없을 것 같은 길을 선택하게 만든다. 우리는 성공했을 때는 교만하고, 실패했을 때는 좌절한다. 그러나 삶의 목적에서 보면 인식을 달리할 필요가 있다. 성공했을 때의 태도와 자세 그리고 실패했을 때의 태도와 자세가 삶의 목적을 잊게 만들고 운명을 바꿔 놓기 때문이다.

성공했을 때의 겸손한 태도가 성공을 연장시킨다. 실패했을 때의 반응이 운명을 바꾼다. 쓰디쓴 실패로 움직이기 싫을 때, 용기를 주는 좋은 책을 매일 10페이지 이상씩 읽고, 매일 돈을 들이지 않고도 할 수 있는 운동을 하며, 긍정적인 마인드를 훈련하고, 배우고 학습하자. 삶의 의욕을 되살리는 어둠을 밝히는 빛과 같은 바른 행동을 꾸준히 1년, 2년, 3년 지속한다면 놀라운 변화가 시작될 것이다. 이 실천은 누구나 하기도 쉽고, 하지 않기도 쉬운 일이다. 그런데 도중에 관두는 사람이 태반이다. 내일부터, 다음 주, 다음 달, 내년으로 미루며 시도하지 않는 사람이 대부분이다. 시간을 사용하는 습관의 관성을 바꾸기는 쉽지 않기 때문이다. 하지만, 내 인생이 바뀐다는데 안 할 이유가 없지 않을까?. 이 작은 실천으로 운명이 바뀐다는 확신이 든다면 이미 어둠 속에서 빛을 발하는 별이 되는 첫걸음을 내딛는 바로 전 단계로 들어가는 것이다.

한때 큰 화제를 모았던, 말콤 글래드웰의 『아웃라이어』에서 인용된 "1만 시간의 법칙"이 성공의 키로 회자된 적이 있다. 그렇다고 1만시간의 법칙을 맹신하면 안 된다. 절대적이지 않고 오차범위가 반드시 존재하기 때문이다. 무조건 열심히 하면 언젠가 성공할 수 있다는 잘못된 생각을 심어줄 수 있다.

안데르스 에릭슨과 로버트 풀은 『1만 시간의 재발견』에서 뚜렷한 목적의식을 동반하지 않는 1만 시간은 성과를 보장하지 않는다고 경계한다. 얼마나 오래가 아닌, 얼마나 올바른 방법인지에 달려 있다고 강조한다. 스타플레이어로 이루어진 프로팀에도 유능한 코치가 있다. 올바른 연습과 훈련을 하는지, 선수가 궤도를 이탈하는 것을 알려주고 교정하도록 도와주는 코치가 있다. 성공과 연결되는 의식적인 연습과 훈련은 집중, 피드백, 수정하면서 될 때까지 꾸준히 지속하는 노력이다. 지독한 단순함을 이겨 낸 인내가 나를 성장시키는 핵심역량이고 어둠 속에서 빛나는 별 중의 별이다.

07

세상에 좋은 영양제를
놓아 주자.

　　　　　기업의 존재 목적이 단지 이익 창출이라면 우
리 사회는 참 많이 삭막해질 것이다. 기업은 고용 창출 즉 일자리를
만들어 내고, 사회적인 책임을 수행하는 생명체가 되어야 한다. 생
산 활동으로 물건이나 서비스를 제공하고, 수혜자 곧 고객으로부터
대가를 받아 직원에게 급여를 지급한다. 한편 공급자는 소비자가 되
고, 소비자는 공급자가 된다. 생산 주체로는 공급자이지만, 뭔가를
소비하는 위치로 바뀌면 소비자가 된다. 그렇게 서로 연결되어 돌아
간다. 경영의 대가 피터 드러커는 "기업의 운영 목적은 고객가치 창
출이다."라고 정의했다.고객가치 창출을 통해 생성되는 이익을 서로
공유하는 시대이다.

　　　　　생산활동으로 창출된 이익을 잘 사용하는 기업, 위기 때 고

객이 도와주고 싶은 기업은 사회로부터 존경받으며, 지속 가능한 기업으로 성장해 갈 것이다. 그렇다고 기업의 사회봉사 활동에 반드시 돈이 필요하다고 생각한다면 오산이다. 2007년 법정관리 중 안성 · 평택 지역 청소년을 위한 농구 대회를 개최했다. 지역 봉사 활동을 통해 직원들과 새로운 기분으로 보람을 만들고, 지역 중고등학생들에게 놀이 문화를 제공하자는 취지로 하게 됐다. 그렇게 시작한 것이 점차 규모가 커지면서 까르마 농구 대회를 2014년 7회까지 연이어 개최됐다.

어려운 회사가 웬 봉사 활동이냐 이해가 안 간다고 할 수 있다. 물품은 협력업체로부터 후원을 받았고, 지역 단체에서 관심을 보여주었다. 대한농구협회 공인 심판의 도움을 받아 원만하게 진행되었다. 이 또한 직원의 헌신적인 활동으로 할 수 있었다. 토요일 쉬는 날 나와서 온종일 행사를 주관하는 것은 역할을 분담한 직원들이 없었으면 엄두도 내지 못했을 것이다. 유별난 사장 만나서 직원들이 고생 많았다. 한번은 응원하러 오신 학부모님이 오셔서는 마땅히 놀거리가 없는 지역에서 아이들에게 학창 시절 추억거리를 만들어 주어 너무 감사하다면서 인사를 하셨다. 중2 때부터 참가한 학생은 고3 때까지 계속해서 출전하여 1년에 한 번씩 만나며 인사를 나누는 사이가 됐다.

직원들은 매월 5천 원~1만 원 정도씩 모은 기부금과 동일한 금액을 회사에서 적립하여 어려울 때 지역 사회봉사 활동을 시작하였다. 인근 초등학교 결식아동 돕기, 부모님이 안 계시는 청소년에게 나이키 운동화 선물, 장학금 지급, 아동보호시설 보수 및 봉사 활동으로 연결되었다. 봉사 활동을 하고 난 후 직원들의 모습이 한층 밝아진 것을 볼 수 있었다. 넉넉한 회사는 아니었지만, 직원과 협력업체의 도움으로 회사가 있는 지역에서 봉사 활동을 하며 기업의 사회적 책임을 조금이나마 실천했다는 보람이 컸다.

이런 활동을 하는데 자극을 주신 분이 계신다. 13세 때 아버지를 여의고 이듬해 축구공에 눈을 맞아 시력을 잃고, 같은 해 어머니까지 세상을 떠나며 불우한 청소년기를 겪었지만, 미국 유학길에 올라 한국인 최초로 미국 백악관 차관보 직급까지 오른 강영우 박사님이다. 저서 『빛은 내 가슴에』에 나오는 〈그러나〉는 어려울 때 새 삶을 보게 해준 글이다.

처음에는 선뜻 이해되지 않았지만, "계속해서 주는 관심과 사랑은 세상을 살맛 나게 한다."는 뜻을 차츰 느끼게 되었다. 손해 보는 것 같지만 먼저 주는 기쁨이 마음과 몸을 피곤치 않게 하고 영혼의 자유를 누릴 수 있는 계기를 만들어주었다. 가장 중요한 깨달음은,

"사랑은 계산하는 것이 아니다."라는 사실이었다.

1. 세상 사람들은 왕왕 비논리적이고 비합리적으로 생각한다. 그러나 그들을 사랑하라.

2. 당신이 선행을 하면 이기주의라는 비난을 받을지도 모른다. 그러나 선을 행하라.

3. 당신이 성공하면 그릇된 친구가 생길지 모른다. 그러나 성공하라.

4. 오늘 좋은 일을 해도 내일이면 허사가 될 수 있다. 그러나 좋은 일을 하라.

5. 정직하고 솔직하면 불리하기 쉽다. 그러나 정직하고 솔직하라.

6. 대의를 품은 이가 졸장부에 의해 넘어질 수 있다. 그러나 대의를 품어라.

7. 세상 사람들은 강자만을 따른다. 그러나 소수의 약자들을 위해 투쟁하라.

8. 오랫동안 공들여 쌓아 올린 탑이 하루아침에 무너질 수 있다. 그러나 탑을 계속 쌓아 올려라.

9. 도움이 필요한 사람들에게 도움을 주고도 공격을 받을 수 있다. 그러나 도움을 주라.

10. 당신이 가진 가장 좋은 것을 세상에 주고도 발로 차일 수 있다. 그러나 당신이 가진 최선의 것을 세상에 주라.

"어떤 상황에서도 용기와 비전을 잃지 말고, 효율적으로 자기 기량을 펼칠 수 있도록 기술을 익히고 발전시켜야 합니다. 그리고 어느 고용주에게도 인정받을 수 있도록 노력해야 합니다."라는 메시지를 전하고 하늘나라로 가신 강영우 박사님이 생각난다. 나를 사장으로 고용한 직원, 고객 모두에게 감사하며, 오늘도 실천에 도전하게 되었다. 세상에 선한 영향력을 끼치는, 세상에 좋은 영양제를 뿌리는 기업, 사람이 되어야겠다는 다짐을 한다.

듣는 사람에게 행복한 감정이 몰려오게 하는 팝가수가 있다. 레이첼 플랫튼Rachel Platten이다. 그녀가 부르는 〈Fight Song〉은 진지한 표정에 에너지 넘치는 목소리가 매력적이다. 파워풀한 멜로디에 가사가 주는 메시지는 꿈과 희망을 포기하지 않도록 좋은 기운이 샘솟게 한다. 표정과 목소리에서 가슴이 뻥 뚫리는 기분이다.

국내에 생소한 가수 레이첼 플랫튼의 노래에 대한 사연은 잔잔하면서도 힘센 파도 같은 감동을 준다. 어디서 이런 가수가 튀어나왔을까? 알고 보니 거의 무명에 가까운 가수였다. 1981년생 뉴욕

출신으로 대기만성형 가수다. 2003년에 첫 앨범을 내어 경력은 10년이 훨씬 넘었다. 2011년에 낸 정규 2집과 이후에 곡이 몇 개 나왔는데 그리 성공하지 못했다. 〈Fight Song〉을 만들 당시 본인 장래에 매우 회의적이고 음악 활동을 그만둬야 하는 상황에 몰려있었다. 음악 활동을 통한 자신의 꿈과 희망을 포기하지 않겠다는 의지로 자기 스토리를 담은 곡을 만들었다. 그래서 그런지 와닿은 느낌이 다르다.

유튜브와 여러 음악 채널에도 올렸는데, 별로 인기를 끌지 못하고 반응이 없었다. 그래서 거의 포기한 상태였다. 그런데 어떻게 유명해졌을까? 막막한 현실을 살아 내며 삶을 포기하지 않겠다는 의지가 담긴 가사와 박진감 넘치는 멜로디의 〈Fight Song〉이 행운을 가져다주었다. 이 곡은 벼랑 끝에 있는 불치병 환자들에게 전해지며 삶의 의욕을 살리고 희망을 얻게 만든 것이다.

어느 날 버지니아에 사는 크리스틴 루켄바흐Christine Luckenbaugh라는 분이 이 곡을 듣고 많은 힘을 얻었다는 얘기를 레이첼 플랫튼이 전해 듣는다. 사연의 주인공은 불치병 환자였는데 그분이 다니는 교회에 가서 교회분들과 함께 이 노래를 불렀다. 유튜브에 올라온 가슴 뭉클한 장면이 감동을 주기에 충분했다. 이야기가 세상에 퍼지면서 인기를 끌게 되었고, 빌보드 차트에 오르는 영광까지 누리게 되었다. 노래에 대한 그녀의 꿈과 도전 스토리를 접하며 "나를 죽이지 못하는 고통은 나를 강하게 할 뿐이다."라는 니체의 말이 가슴에 와닿는다. 앞뒤 사방이 꽉 막혔는가. 어려울수록 희망이 물씬 풍기는 노래를 자주 듣고 부르자.

Fight Song - Rachel Platten

Like a small boat in the ocean	바다 위의 작은 배가
Sending big waves into motion	큰 파도를 일으키는 것처럼
Like how a single word	한마디의 말이
Can make a heart open	닫힌 마음을 열게 하는 것처럼
I might only have one match	내게 한 번의 기회밖에 없을지 모르지만
but I can make an explosion	난 큰 영향을 끼칠 수 있어
And all those things I didn't say	내가 하지 못했던 말들
Wrecking balls inside my brain	내 머릿속을 아프게 했던 것들을
I will scream them loud tonight	오늘 밤 크게 소리칠 거야
Can you hear my voice this time	내 목소리가 들려?

This is my fight song	이건 내 응원가야
Take back my life song	내 삶을 되찾을 노래야
Prove I'm alright song	내가 아직 괜찮다는 걸 증명하는 노래야
My powers turned on	내 힘은 커지고
Starting right now I'll be strong	난 지금부터 강해질 거야
I'll play my fight song	내 응원가를 부를 거야

And I don't really care if nobody	그리고 난 신경 쓰지 않아
else believes	아무도 나를 믿지 않더라도
Cause I've still got a lot of	왜냐하면 나에겐 여전히
fight left in me	많은 투지가 남아 있거든

Losing friends and I'm chasing sleep	친구들을 잃었고 잠도 오지 않아
Everybody worried about me	모두 나를 걱정해
In too deep Say I'm in too deep	너무 멀리 온 걸까? 그런 걸까?
And it's been two years	2년이 흘렀고
I miss my home	집이 너무 그리워
But there a fire burning in my bones	하지만 내 뼛속에 뜨거운 열정이 있어
And I still believe	난 아직 나를 믿어
Yeah I still believe	그래 나 자신을 믿어

And all those things I didn't say	내가 하지 못했던 말들
Wrecking balls inside my brain	내 머릿속을 아프게 했던 것들을
I will scream them loud tonight	오늘 밤 크게 소리칠 거야
Can you hear my voice this time	내 목소리가 들려?
This is my fight song	이건 내 응원가야
Take back my life song	내 삶을 되찾을 노래야
Prove I'm alright song	내가 아직 괜찮다는 걸 증명하는 노래야
My powers turned on	내 힘은 커지고
Starting right now I'll be strong	난 지금 강해질 거야
I'll play my fight song	내 응원가를 부를 거야
And I don't really care if nobody	그리고 난 신경 쓰지 않아
else believes	아무도 나를 믿지 않더라도
Cause I've still got a lot of	왜냐하면 나에겐 여전히
fight left in me	많은 투지가 남아 있거든
Now I've still got a lot of fight	지금 나에겐 여전히
left in me	많은 투지가 남아 있거든

"길을 가다가 돌이 나타나면
약자는 그것을 걸림돌이라고 하고,
강자는 그것을 디딤돌이라고 한다."

–

토마스 칼라일

고난대학은
인생의 전성기다.

01

왜 사는가,
나를 발견하는 시간

나는 왜 사업을 하는가? 직장이나 장사 등으로 돈 벌며 밥 먹고 살 수 있는 방법이 많을 텐데, 왜 굳이 사업을 고집하는가? 고생하며 고달프게 살고 있는 걸까? 이에 대한 고민을 제대로 하는 시기가 바로 고난대학에 입학하고부터이다. 어느 날 직원이 대뜸 "사장님 이 사업하는 이유는 뭐세요?"라고 물어 왔다. 곁에서 고생하는 사장이 안쓰러워 보였는지 갑자기 묻는 것이었다. 순간 당황했다. "뭐~ 내가 하고 싶고 같이 일하는 게 좋아서…" 두리뭉실하게 말하고는 화제를 돌려 버렸다.

가슴을 쿡 찌르는 그 일을 계기로, 사업을 왜 하는지에 대하여 곰곰이 생각하는 시간을 갖게 되었다. 사훈이 있었지만, 액자에 걸어놓은 것에 불과했다. 뭔지는 알겠는데, 구체적이지 않았고 실천하는 핵심가치가 없었다. 그냥 보기 좋게 걸려 있는 영혼 없는 "액자 속 사훈"이었다. 그간의 일들을 되돌아보면서 정리를 해보게 되었다.

1999년 창업 후 국내 최초 메모리폼 베개로 벤처기업의 신화를 만들며 세간의 주목을 받았고, 수출로 개척 영업을 하며 무작정 베개를 들고 해외로 나가 찾아가고, 전시에 참여하고 『베개 하나로 돈방석에 앉은 남자』라는 책이 나오기까지 하였다. 남들이 중국으로 공장을 이전할 때도, 주변에서 손가락질 받으면서 MADE IN KOREA를 고집하며 한국에 공장을 건설했고, 과잉 투자로 인해 회사의 존폐를 위협받는 심각한 경영 위기 상태에 빠지기도 하였다.

이때, 회사를 더욱더 어렵게 한 것은 벤처 정신 상실과 매너리즘이었다. 매년 떨어지는 경영 실적으로 급기야는 법원의 관리를 받는 "기업회생"에 들어갔다. 정말 최악의 상태까지 간 것이다. 쓰러진 회사를 살리는 것은 새로 창업하는 것보다 더 힘들었다. 창업할 때의 초심으로 돌아가서 직원들과 힘을 모아야 살릴 수 있다는 생각이 점차 들기 시작했다. 잃어버렸던 회사의 가치관을 다시 정립하는 것이 가장 먼저 해야 할 일이라는 것을 깨닫게 되었다.

직원들과 가치관에 관한 생각을 공유하기 위해, 솔선해야 한다는 생각에 먼저 회사의 가치관을 만들어 보았다. 하지만, 직원들의 반응은 영 신통치 않았다. 사장이니까 저런 거지 뭐~ 대충 이런 반응이었다. 회사 가치관 수립에 관한 책을 보고, 강좌 등을 통해 배우러 다니면서 얻은 가장 큰 깨달음은 가치관을 직원과 함께 만들어가야 한다는 사실이다. 한 번 수립한 가치관은 바뀌지 않는 것이 아니라, 시대와 상황에 대응하기 위해 개선해 가야 한다는 것이다.

구성원이 공감하지 않는 내용은 아무리 좋아도 현장에서 움직이지 않는다. 액자 속의 죽은 가치관으로 벽에 걸려 있는 신세가 된다. 팀장들과 워크숍을 통하여 가치관 경영의 취지를 나누었고 팀원에게 팀장이 설명할 수 있도록 하였다. 팀별로 워크숍을 하게 되었고, CEO는 서론만 이야기하고 참여하지 않았다. 큰 틀만 나눴고 나머진 완전히 직원에게 맡겼다. "까르마는 전 세계인의 아침을 여는 것이다." 직원들과의 가치관 수립 워크숍을 통해서 나의 마음을 뭉클하게 만들었던 사명이다. "까르마는 희망이다."는 "희망을 주는 생활 건강 기업이 된다."는 비전으로 만들어졌고, 핵심가치는 "맡은 일을 사랑하고, 내 인생을 사랑한다." 등으로 정리가 되었다.

약 8개월간에 걸친 회사 가치관 수립 과정은 "왜 사업을 하는지"를 발견하는, 나의 존재 이유를 명확하게 세우는 중요한 시간이었다. 어려움을 극복하고 점차 회복될 수 있었던 힘은 기본에서 다시 출발한 것에서 시작된 것 같다. 사장이 직원들과 수평적 대화로 솔선수범하며, 가치를 공유하고 마음을 열게 되기까지 3년이란 상당한 시간을 보내면서, 조금씩 일터에 변화가 생겨났다. 가치관을 수립하면서 회사의 존재 목적에 대한 근본적인 접근을 하게 되어, 단순한 영리 목적에서 벗어나 직원과 공감하며 지금까지와는 다른 회사가 되는 첫걸음을 시작하게 되었다.

또한, "그냥 열심히 살면 되는 것"에서 직원 각자의 사명과 핵심역량, 비전을 만들게 되었고, 머릿속이나 액자 속의 가치관이 아니라, 살아 움직이는 가치 있는 삶에 공감하는 계기가 됐다. 무의미한 삶 속에 의미를 불어넣게 되었다. 여태까지 내 생각만으로 만들어진 사훈을 갖고 있다면, 직원이나 구성원이 함께 공감하는 가치관을 세워 보기 바란다. 삶을 바라보는 눈과 의미가 달라질 것이다.

명함이 사라지면 인생이 사라지는 것일까? 대기업이나 공직자 생활을 관두고 나온 경우 한동안 힘들게 사는 것을 본다. 심지어 우울증까지 겪는다. 은퇴 후 직책이 없어지면 자신의 존재 가치와 인생의 의미가 상실되는 것일까? 잠시 머물다 언젠가는 나와야 하는 직장과 직책이 나의 가치가 될 수 없는데도 말이다. 또한, 사업을 하다 망하면 인생이 끝나는 것일까? 그렇지 않다. 난관에 봉착했을 때, 어떤 태도와 반응으로 대처하느냐에 따라 그 사람의 인격과 품격이 달라진다. 생활이 녹록지 않고 궁핍하지만 적응하며 살아가는 모습에 사람들은 감동한다. 이런 에너지원은 삶에 대한 자신만의 가치가 있기 때문일 것이다.

무슨 일을 할지, 어디서 살지, 돈을 얼마나 벌어야 할지가 아니라, 어떤 사람이 될지가 자신의 존재 이유 즉, 삶의 가치다. 대부분 사람은 고난을 피하고 "쉬운 삶"을 살기 원한다. 쉬운 삶은 지루하고 재미가 없다. 그리고 고난을 피하면 악순환이 되풀이되고, 답이 없다. 펼쳐진 고난을 받아들이고 의미 있는 인생을 위한 지혜로운 선택을 하자. 차원이 다른 나만의 가치 있는 삶의 역사가 쓰여진다.

모임에서 대기업 임원, 변호사, 한의사, 의사, 교사, 공무원 등 전문 직업이나 제법 규모가 있는 회사에 다니는 분들과 명함을 나누다 보면 스스로 주눅이 든다는 후배가 있었다. 왜냐고 물었더니 자신의 명함이 초라해서 내밀기가 쑥스럽다는 이유였다. 한편으로 이해가 갔지만, 자기 직업에 대하여 돈벌이 외에는 어떤 가치를 두고 있지 않은 것 같아서 안타까웠다.

그 후배의 직업은 동네 작은 핸드폰 가게 사장이다. 핸드폰은 스마트폰으로 넘어오며 사용 범위가 엄청나게 넓어졌다. 온갖 정보를 얻고 더 많은 사람과 접촉한다. 후배의 직업은 연인과 약속을 잡고, 원서를 내고, 자료를 만드는 등 다른 사람의 꿈이 이뤄지도록 돕는 보람된 직업이었다. 회사의 규모와 직위가 일부 영향을 주긴 하지만, 절대적인 것이 아니라는 사실을 깨닫고, 지금은 자신의 존재 가치를 세우며 활기차게 일하고 있다. 내 직업을 돈벌이로만 국한 짓는 것에서 벗어나, 자신의 가치를 세우는 정의를 내려 보자. 한 청소부 아저씨는 매일 골목을 쓸면서 "나는 지구의 한 귀퉁이를 쓸고 있다."는 마음가짐으로 일하고 있다고 한다. 같은 일을 해도 피곤하지 않고, 차원이 다르지 않겠는가?

02

〰〰〰

겸손한 자신감으로
깊어진 내면

성공했을 때, 가장 큰 덕목은 겸손이었다. 인사치레가 아닌 진정성 있는 겸손이었다. 일이 잘되면 대부분 교만해지기 쉽다. 그렇게 살지 말자고 다짐을 해도 어느새 교만해진 모습을 발견한다. 머릿속에 있지만 작동하지 않는 지식은 모르는 것만 못하다. 지식 쌓기에 몰두하다가 정작 삶에서 작동하지 않는 자신을 보게 한다. 고난으로 일희일비-喜-悲하지 않는 지혜를 터득하는 과정으로 삼아보자.

〈삶 속에서 종종 일어나는 오해들〉

1. 혼자 있음 = 외로움
2. 돈이 많음 = 부자

3. 가난 = 불행

4. 잘 나감 = 영원히 오랫동안

5. 빠름 = 효과적임

6. 학위 = 지식 많음

7. 돈 = 성공, 행복

8. 많은 월급 = 만족스러운 직장(직업)

9. 사회적 지위 = 존경의 대상

10. 물질적 유산 = 유복한 자식

11. 죽음 = 끝

세상 기준에 흔들리지 않는 자신의 가치관이 정립되어 있으면 혼자 있음은 더 이상 외로움이 아닌 성찰의 시간을 갖게 한다. 돈이 많은 게 부자가 아니라, 주변에 좋은 사람이 많은 게 부자라는 것을 알게 된다. 가난은 불행이 아니라, 반전의 시작을 꿈꾸게 한다. 잘나감이 영원하지 않다는 것을 깨닫는다. 빠름은 오히려 실수를 낳는다는 것을 알게 된다.

지혜로 발휘하지 않는 학위는 종이에 불과하다는 것을 알게 된다. 돈은 성공과 행복에 있어 하나의 도구에 불과하다는 것을 알게 된다. 월급 많이 주는 회사보다 배울 게 많은 회사가 좋은 직장임을 알게 된다. 사회적 지위에 걸맞는 행동이 없으면 위선이라는 것을 알게 된다. 물질적 유산은 자생력을 키우지 못하게 하는 제초제가 될 수 있음을 알게 된다. 죽음은 끝이 아니며, 삶의 흔적은 영원하다는 것을 깨닫게 된다.

주변의 눈치를 보고 휘둘리다 보면 내 삶의 방향을 잃고 그들의 기준에 맞춰가며 살기 쉽다. 반응을 달리함에 따라 희망이 생기고 변화가 일어난다. 〈보왕삼매론寶王三昧論〉에 나오는 "처세불구무난 세무난즉교사필기處世不求無難 世無難則驕奢必起"는 세상을 살며 어려운 일 없기를 바라지 말라, 세상살이에 어려운 일이 없으면 교만하고 사치한 마음이 생긴다는 뜻이다.

자식이 안정적인 기업을 물려 받은 경우는 제외하고, 처음부터 기업을 일으켜 성공한 사람들은 대부분 어려움을 극복함으로써 자신을 성장시켜 왔다. 일본 경영의 신이라 불리는 마쓰시타 고노스케는 성공 요인을 이렇게 말한다. "나는 하늘로부터 세 가지의 은혜를 받았다. 가난한 것, 허약한 것, 못 배운 것이 바로 그것이다." 자신의 열악한 점을 좋게 극복한 메시지는 늘 도전이 된다.

학력을 탓하고, 돈 없음을 탓하면서 편함을 추구하면 오히려 살기가 더 어려워진다. 사람은 세상에 나서부터 시련과 역경을 통해 다듬어지며, 성숙한 삶으로 변화되는 것이 세상의 이치가 아닐까 싶다. 이것을 부정하면 살기가 매우 힘들어진다. 자기 자신을 안된다고 부정하면 어떻게 되겠는가? 간디는 "갈등과 분쟁은 진리를 드러내는 에너지이고 기회"라고 말했다. 우리 사회 갈등과 분쟁은 그 자체가 문제가 아니라 대화를 통해 발전의 기회와 에너지로 만들지 못하는 행태가 문제인 것이다. 갈등을 피하는 것은 최선이 아니다. 세상은 갈등과 혼돈을 겪으며 변화하며 발전해 왔다.

희망이 싹트려면 버릴 때는 과감히 버려야 한다. 체념은 좌절이 아니라 희망을 볼 수 있게 한다. 비우지 못하고 채우기만 하면 탈이 난다. "체념"은 국어사전에서 "희망을 버리고 단념함"과 더불어 "도리를 깨닫는 마음"이란 두 번째 뜻도 갖고 있다. 비우면 보이는 깨달음이 있기 때문이다. 주관적인 생각과 행동을 단념하고 다른 사람과 현실을 받아들이는 게 체념이라 할 수 있다. 체념은 새로운 희망을 싹트게 하는 적극적인 마음 단계이다. 체념하지 못하는 마음은 미련이 남아서이다. 마냥 붙잡고 있다고 해결되지 않는다. 포기에도 가중치가 있다. 포기할 것은 빨리 포기하는 게 낫다.

고난대학은 허상에서 벗어나 사고방식과 행동을 변화시키

고, 위기를 극복하는 돌파구를 현실 속에서 찾게 만드는 겸손한 자신감으로 나를 나답게 만드는 최고의 명문 대학이다.

03

고난을 통해 태어난
위대함

　　　　　회사의 앞날이 망망대해에 떠 있는 쪽배같이 바람과 파도에 곧 뒤집힐 것 같았던 시기를 보냈다. 업계에서는 월급도 제때 안 나오고 곧 망할 텐데 관둬라, 자기네 회사로 옮기라는 등 이런저런 회유에 갈등하는 직원들이 있었다. 어느 날, 직원들과 함께 식사하는 자리에서, 대뜸 "사장님, 그만 포기하시죠!", "저희들 견디기가 너무 힘듭니다.", "사장님께서 포기하시면 저희가 마음 편히 관둘 수 있을 것 같습니다."란 말을 듣고는 멍해지며, 눈물이 핑 돌았다. 다들 몇 달씩 월급이 밀려가며 고군분투하고 있었던 차라, 뭐라 말하기도 염치가 없었다.

　　　　　다른 회사로 가면, 제때 월급 받으며 대우받고 다닐 텐데, 너무 미안한 마음에 가슴이 턱 막혀왔다. 얼마나 힘이 들고 답답했으면, 사장보고 그만 포기하라고 했을까? 직원들을 다독이며 이렇게 말했다. "고생시켜서 너무 죄송하고, 미안합니다. 하지만 포기하기에는 너무 아깝습니다. 할 수 있습니다. 아직, 할 수 있는 방법이 많이 남아있습니다. 회사 살리는 것을 포기할 수 없습니다. 분명히 살릴 수 있습니다."

절실하게 말하는 내 말을 듣고 직원들은 난처한 입장을 보였다. 사장님이 포기하면 다른 곳으로 옮기고 홀가분하게 직장 생활할 텐데, 그러지 못하고 붙잡혀 있는 것 같다는 느낌을 받았다. 당시, 사장실을 없애고 생산 현장 사무실 회의 탁자에서 근무를 하던 시기였다. 관리·경리부 직원이 퇴사해서, 회계 입력과 자금 이체 등을 직접 처리해야 했던 시절이다.

백화점 판매 물량 수급을 맞추기 위해, 납품업체를 찾기 위해, 생산에 필요한 자재를 조달하기 위해 뛰어다녔다. 대금이 밀리니까 납품이 제대로 이루어지지 않았다. 판매를 해서 수금한 돈으로 대금을 결제해야 하는데, 선결제하라는 납품업체의 요구에 생산을 못 하는 악순환의 고리를 끊고자, 밤낮으로 업체를 설득하며 밤늦게까지 돌아다녔던 시절이었다.

자장격지自將擊之, "스스로 장수가 되어 나가 싸운다."라는 의미이다. 매일 아침, 회사를 살리는 일만 생각하고, 전쟁터로 나가는 장수의 마음으로 문을 나섰다. 남들이 불가능하다는 일을 해결하기 위해, 권위를 내려놓고 현장을 뛰어다니는 사장의 안쓰러운 모습에 직원들도 차마 회사를 떠나지 못한 모양이다.

"기능성 수면 시장을 열어온 회사를 포기하지 않는 것은 우리가 할 수 있기 때문입니다. 그렇게 해서 실패하면, 사장인 제가 책임을 질 것입니다. 여러분이 손해 보는 일 없게 하겠습니다. 좋은 성과가 나오면, 모두에게 나눌 겁니다. 그것이 바로 사장의 의무이기 때문입니다." 확고하게 말하는 내 말에 직원들은 마음을 잡은 것 같았다. 회사 재건에 누구보다 열정적으로 앞장섰다. 지금은 같이 하지 못하지만, 다시 함께하고 싶은 사람들이다.

남들이 다 망한 회사라고 했지만, 회사는 조금씩 나아지기 시작했고, 회사를 살리는 데 몰두하는 사장이 안쓰러워 입사했다는 직원이 생길 정도였다. 2005년 출간된 책 『베개 하나로 돈방석에 앉은 남자』를 도서관에서 우연히 보고는 이력서와 자기소개서, 제품 개발서를 들고 와 입사 지원하는 사례도 있었다.

나는 자다가 성공했다

중소기업 사장의 역량이 절대적으로 발휘하는 시기는 사업 초창기와 위기 돌파 때이다. 그 후, 회사의 발전은 사장의 역량을 뛰어넘는 직원을 양성하고 선발했는가에 따라 달라진다. 회사는 직원의 역량만큼 성장한다. 어려운 시기 힘을 모아 회사 재건에 힘써준 직원들이 위대한 행동은 회사와 직원의 핵심역량이 되었고 자부심으로 남았다.

위대한 일은 하루아침에 일어나지 않는다. 노예해방이라 하면 우리는 실패 속에서 인내할 줄 알았던 에이브러햄 링컨 대통령을 떠올린다. 하지만, 미국에서 노예해방 법안이 통과되기 30년 전 영국에서 노예제도 철폐 법안이 먼저 통과되었다. 그 주인공은 윌리엄 윌버포스 William Wilberforce이다. 그는 영국 의회 의원으로 18세기 중반 노예제도 폐지를 위해 헌신하겠다고 결단한다.

노예제도 철폐 시도는 거센 기득권층의 반발로 불가능해 보였다. 하지만 윌버포스 의원은 일생을 바쳐 노예제도 폐지 법안을 지속적으로 상정시켰다. 매번 법안은 채택되지 않았지만 해를 거듭할수록 조금씩 분위기가 반전되면서 1833년 윌리엄 윌버포스 사망 3일 전 영국 의회는 노예제도를 철폐하는 법안을 통과시켰다.

이 위대한 이야기는 미국으로 전달되어 에이브러햄 링컨 대통령이 기득권층의 극심한 반대에도 불구하고 노예해방을 밀고 나가는 데 결정적인 영향을 미쳤다. 2006년 8월 법정관리를 신청하고 낙심하고 있었을 때, 윌리엄 윌버포스의 이야기는, 위대한 일은 고난 속에서 만들어지며 후세에 전해져 좋은 영향을 미친다는 것, 또한 그것은 한순간에 일어나지 않는다는 통찰을 깨닫게 해 주었다.

나는 자다가 성공했다

복의 사용법을
깨닫는 계기

누구나 복 받기를 원한다. 신년이 되면 "새해 복 많이 받으세요."로 서로 인사를 나눈다. "새해 대박 나세요."라며 성공을 기원해 준다. 실패로 낙심하고 기운이 없을 때, 감사할 일을 적어보라는 얘기를 듣고 한 번 적어봤다. 곰곰이 생각하면서 하나하나 적어 내려가다 보니까, 받은 복이 굉장히 많았다.

깜깜한 현실에 암담한 생각만 했지, 지금까지 받은 복에 대한 생각은 하지 않고 있음을 발견하게 됐다. 한편으론, 그렇게 많은 복을 받았는데 그 복이 다 어디로 갔지? 어떻게 하다 힘든 고생길에 접어들었을까? 어쩌다가 이렇게 됐을까? 지금까지 복을 어떻게 사용했는지 복기해봤다.

사람마다 받은 복의 정도는 다르겠지만, 복을 이용하는 방식에 따라 불행이 될 수도 있고 행운이 될 수 있음을 깨달았다. 성공했을 때를 생각해 보면, 계속해서 잘 될 것이란 착각 속에 복을 아끼지 않고 낭비해 버렸다. 받은 복을 챙기느라 직원과 사회에 나누는 데 인색했던 것 같다. 그리고 복이 재생산될 수 있도록 사람과 사회에 심는 노력을 잘 못한 것 같다.

세상의 이치는 하는 것마다 잘될 수만은 없을 텐데, 이를 망각한 것이 어려움에 봉착한 원인이었다. 수많은 교육과 강의, 말씀 등을 통해서도 정립하지 못했던 축복의 사용법을, 19세기 말 20세기 초를 대표하는 일본의 석학인 고다 로한의 책 『노력론』을 보며 많이 깨달았다. 그는 책의 2부인 〈인생을 결정짓는 세 가지 복, 삼복론〉에서 석복惜福과 분복分福, 식복植福의 정신을 일깨워 복을 누리며 오래도록 행복하게 사는 방법을 소개하였다.

"복을 아끼되 나눌 줄 모르는 사람은 세상의 사랑을 받지 못하고, 복을 나누되 아끼는 지혜가 부족한 사람은 세상의 신뢰를 받지 못한다."라며, "세상 사람들이 살아가는 모습을 살펴보면 복을 아낄 줄 아는 사람은 나누지 않고, 복을 나눌 줄 아는 사람은 복을 아끼지 못하는 경향이 있어 참으로 안타깝기 그지없다."라고 주장하며 언젠가 무복無福이 될 수 있음을 경고한다. 그는 아무 노력 없이 저절로 복이 하늘에서 뚝 떨어지는 법은 없으며, 좋은 기운을 확장시켜 유지하고, 좋은 성품을 갖도록 배움을 게을리하지 않으며, 심신을 바르게 다스려 건강하게 살 때 비로소 복 받은 인생을 누릴 수 있다고 주장한다. 또한, 먼저 타고난 운명일지라도 개인의 노력과 의지에 의해 얼마든지 바꿀 수 있다고 역설한다. 자기 혁신을 통해 천성本性을 변화시킬 수 있다고 주장한다.

"운명은 정해져 있다는 말에 현혹되지 마라. 노력 없이 얻어지는 성과는 없으며, 개인의 노력이야말로 삶을 알차게 만드는 원동력이다!", "성공한 사람은 자신의 노력이 운명보다 더 큰 작용을 했다고 생각하는 반면, 실패한 사람은 정해진 운명에 따라 자신이 실패했다고 해석한다."라고 그는 말한다. 지난 시절을 돌이켜 보면 정말 많은 복을 받았다. 그간 내가 했던 복의 사용법을 복기해 보면서 무지를 깨닫고 반성과 성찰의 시간이 되었다. 창업한 회사에서 해임되는 것을 보고 주변 사람들로부터 "황 사장의 운은 여기까지, 이제 사업 운이 다 됐다."는 말까지 들었다. 순식간에 불어온 역풍을 순풍으로 바꾸는 것은 자신의 선택에 달려 있다는 생각이 들면서 성공에 이르는 행동을 의식적으로 시작했다.

막막해 보였지만, 자세히 들여다보니까, 가지고 있는 복이 많았다. 사지가 멀쩡한 몸, 쌓인 경력, 긍정적인 생각, 관점, 신용, 상상력, 사고력, 독서력, 발표력, 영업력, 인내력, 개발력, 조력자, 응원부대 등 돈으로 할 수 없는 것들이 어마어마했다. 돈이 있어야 재기할 수 있다는 생각을 종식하기 위해 의식적으로 노력했다. 돈이 없어도 남을 도울 수 있는 것도 많았다. 기쁨은 나누면 배가되었고, 고통을 나누면 치유되는 기분이 들었다. 마음과 몸의 건강을 지키기 위한 노력은 "잘 먹고, 잘 쉬고, 잘 자는" 것이었다. 이 단순한 과정은 복을 잉태시키는 기본적이고 가장 강력한 에너지원이다.

역경에 처해 있을 때는 복이 다 날아가고, 아무것도 없어 보인다. 반드시 그렇지만은 않다. 자세히 들여다보고 발견해 낼 때까지 찾아보자. 가진 복이 의외로 많음을 알 수 있을 것이다. 역풍을 순풍으로 바꾸는 것은 바로 선택에 달려 있다. 당장은 고통스러워도 장기적으로 복을 불러오는 선택을 하자. 원하는 단계에 오르기 위한 적합한 노력을 게을리하면서 복 받기를 빌거나, 마음으로만 복을 탐하는 탐복 貪福에 매달리지 말자. 이미 갖고 있는 복을 잘 사용하지 못하고 허비하는, 낭복 浪福으로 빠지는 일 또한 하지 말자. 복도 수명이 있다. 영원무궁한 복은 없다. 공중을 향해 쏜 화살은 언젠가는 그 힘이 다해 지상으로 떨어지고, 숯불도 새 숯을 올려놓지 않으면 재가 된다. 인기도 영원하지 않다. 어쩌다 연예인의 갑작스러운 자살 소식을 듣게 되면 안타깝다. 지금의 인기가 영원히 갈 줄 알았다가 인기가 사그라지면 공허감에 우울증을 겪는다고 한다. 왔다가 매정하게 가 버리는 복을 유지하고 더 큰 복으로 키우기 위해서는 행복과 발전을 일으키도록 사회에 복을 심는 식복의 노력을 멈추지 말아야 하겠다.

05

분노 조절 모드의
작동

　　　　동물과 사람은 똑같이 욕구를 갖고 있다. 하지만, 사람만이 감정을 갖고 있다. 동물이 자살했다는 소식은 듣지 못했을 것이다. 굶어 죽거나 아니면 잡아먹히거나 하지, 스스로 목숨을 끊는 일은 사람밖에 없다. 수치나 중압감에 놀려 극단적인 선택, 자살로 생을 마감했다는 안타까운 소식을 종종 접한다. 순간적인 감정에 휘둘리다 보면 생각과 시야가 좁아지면서 이성과 분별력을 잃고는 자살 충동이 마구 생긴다.

　　　　필자도 수시로 엄습해 오는 자살 충동으로 한동안 헤맸다. 해결해야 할 산적한 문제, 짓누르는 압박감, 스트레스, 피해를 입힌 죄스러움으로 자존감이 급격히 떨어졌을 때 극단적으로 죽어 버릴까, 옥상에서 뛰어내릴까, 고민하며 이리저리 왔다 갔다 했다. 그 발자국이 온 사방에 찍혀 있었다. 방향을 잃고 번뇌만 했던 그때의 모습이다.

당시 내 심정을 주변 사람에게 말했던 것이, 나를 구해준 적극적 표현이었다는 것을 나중에 알았다. 메신저 대화나 통화 중에 "나, 죽고 싶다."고 했을 때, "뭔 말이야!"라며 뭐라 막 야단쳐 주고, 정신 차리라고, 지금 어디냐며 달려 와 시간을 보내 주었다. 심란한 마음을 달래 주었다. 평소보다 사람이 너무 조용하거나, 한밤중에 연락이 오는 것은 지나친 외로움으로 한계 상황에 도달해 있는 자기 표현일 수 있다. 분노의 방향이 타인이거나 혹은 자신이거나 극단적인 선택은 순간적으로 일어나기 때문에 관심을 기울여야 한다. 말 한마디 혹은 시간을 보내 주는 것만으로 생명을 살릴 수 있기 때문이다.

상황에 따라 감정, 마음을 제어할 수 있는 능력이 작동되려면 훈련이 필요하다. 책을 통한 학습, 경험을 통한 공부, 멘토를 통한 배움, 신앙의 역할 등 이런 행동이 유기적으로 연결되면서 자신이 처한 환경에 대한 반응을 달리할 때, 위기가 기회를 만들어 내는 것 같다. "사람의 그릇은 고난의 크기와 비례한다."고 한다. 고난대학의 입학과 재입학을 겪으며 하늘을 원망했다. 왜 나에게 이런 고난을 주십니까? 살 만하면 고난이 오고, 이만 됐다 하면 예기치도 못한 일이 터지니 참, 죽을 맛이었다. 어찌해야 할까요? 하늘이 원망스럽고 자신이 한심했다.

그런데, 세상에 좋은 영향과 감동을 주는 사람은 고난이 컸다. 사람의 그릇은 그가 받아낸 고난의 크기와 비례한다는 사실을 깨닫게 되었다. 진정한 용기는 훗날을 위해 한순간의 치욕을 참아내는 것이라고 한다. 참된 용기를 보여준 인물이 있다. 그가 바로 간절히 원했던 『사기』의 완성을 위해 궁형을 자청하며 목숨을 부지한 사마천이다. 당시, 궁형이라하면, 생식기를 거세하는 것인데 예리한 칼로 도려내고 요도 부분에 새 깃털을 꽂아 놓는다고 한다. 이 깃털을 뽑아낸 후 오줌이 나오면 사는 것이고, 오줌이 나오지 않으면 오줌 중독으로 죽는다고 한다. 사마천이 바로 이 형벌을 받은 것이다.

모멸과 수치감에 수없이 자결을 생각했지만, 그렇게 하지 않고 구질구질한 삶을 택한 이유는 무엇일까? 왜 그랬을까? 미처 못다한 일이 남아 있었기 때문이다. 중국의 시진핑 주석은 사마천의 『사기』를 자주 인용한다고 한다. 『사기』를 완성하기 위해 당장은 구차하게 보일지라도 참고 감내하며, 못다 한 일을 끝내기 위해 가벼운 죽음을 선택하지 않았다. 태산보다 무거운 가치 있는 죽음을 위한 위대한 선택이었다. "옛날을 보고서 지금 세상을 검증하고, 인간사를 참고하여 흥망성쇠의 이치를 살핀다."는 명언을 남겼다. 창업한 회사에서 쫓겨날 때 세상에 이런 일도 있구나, 배신감과 자괴감으로 죽고 싶다는 생각이 문득문득 떠올라 무척이나 괴로웠다. 하늘이 내려앉고 억장이 무너지는 심정이었다. 차츰 정신을 차리면서 나도 값진 죽음을 택하자는 내면의 울림이 일어나기 시작했다.

운명은 본인이 선택하고 행동하는 것에 따라 달라진다는 믿음을 찾게 되었다. 고난을 그냥 견뎌내는 것에서 머물지 않고, 훈련하는 시간으로 꽉 채워서 지식을 지혜로 바꾸며 내 삶에 적용해 보자는 오기가 생겼다. 직장 생활하다가 동료나 상사와의 갈등으로 "욱하는 기분"에 사표를 던지는 경우를 본다. 기분 나쁘다며 던진 사표는 처음에야 속이 후련할지 모르지만, 얼마 가지 않아 후회한다. 준비 없이 회사를 나와 보면 안다. 특히, 대기업 다닌 사람은 더욱 현실이 녹록지 않음을 뼈저리게 실감한다. 내가 좀 더 참을 걸, 욱하는 기분을 제어하지 못한 자신이 원망스러워진다.

지금 고난으로 매우 힘든가? 고난은 내 그릇이 커지는 과정이다. 그저 평범한 사람으로 대충 살다가 죽고 싶은가? 그렇지 않다면 고난을 피하지 말자. 반응을 달리하는 것에 따라 넉넉한 그릇으로 바뀌는 단초가 된다. 대부분 사람은 분노와 상처를 남의 탓으로 쉽게 돌린다. 세월을 허송하는 대신 상황을 받아들이고 자신을 돌아보며 값진 죽음을 택하고 한계를 극복한 사마천의 이야기는, 불행에 빠졌을 때 수렁에서 빠져나오는 힘은 오직 나 자신의 선택과 행동임을 깨닫게 한다.

06

한계는 창의성의 제조 공장

아침에 일어나면 사태를 수습할 수 있는 오늘이 있음에 감사했다. 180억을 빚졌지만 빚을 갚을 수 있는 기회가 주어졌다는 것만이라도 감사하는 마음을 가졌다. 생을 내려놓고 싶은 충동을 수차례 넘겼다.

모든 지탄이 사장에게 쏟아지면서, 한때, 혼미한 정신으로 몸과 마음이 피로에 찌들고 스트레스가 가중되었다. 눈이 침침하고 초점을 잃어 사물이 흐리게 보였다. 상대방의 말을 제대로 알아듣지 못하는 지경에 빠지기도 했다. 혹독했던 몇 개월간 혼돈의 시기를 벗어나며, 차츰 소리가 들리고 눈이 보이기 시작했다. 지금 가지고 있는 것으로 할 수 있는 것을 해보자! 자신감이 회복되면서 다른 사람들이 무모하다고 말하는 것을 하나씩 하나씩 하기 시작했다.

우선, 내부 인력을 찾아 최대한 발탁했다. 인원 감축과 동시에 생산 인력과 영업 인력이 빠져나간 자리에 기존 직원을 부서 전환 배치해 나갔다. 예를 들어, 물류 직원이 영업부 업무를 병행하였고, 단순 생산 현장 직원이 관리 업무를 맡도록 하여 영업과 생산, 물류를 신속하게 파악하여 대처할 수 있도록 하였다. 처음에 반발이 매우 심했다. 예전에 하지 않았던 일까지 맡아서 하게 되니까, 불만이 컸던 것도 사실이다. 하지만, 회사를 살리고, 다 같이 살자며 대화하고 설득하면서 조금씩 정착되어 갔다. 직원들도 새로운 일을 맡으면서 배우고, 스스로 한 일이 성과로 나타나며 보람을 느끼는 것 같았다.

물류 직원에게 봉제·재단을 맡도록 권유한 적도 있었다. 난생처음 하는 일에 걱정과 두려움으로 망설였지만, 기술을 익혀두면 평생 써먹을 수 있는 기술자가 된다는 말에 공감하고, 봉제·미싱 학원에 다녀 1년간의 실습을 통해 재단·봉제반 책임자가 됐다. 발포 기술직 인력이 퇴사했을 때, 외부 인력을 수소문 했지만, 조건 등이 맞지 않아 곤란을 겪고 있었다. 이 소식을 알게 된 물류 직원이 찾아와 자신이 해 보겠다는 의사를 밝히기도 했다. 결국, 그 직원은 고생 고생하며 현장 기술을 배워 갔고, 우레탄 기술자로 성장해 갔다. 이런 직원들의 헌신적인 노력이 없었다면, 법정관리 종료는 고사하고, 얼마 가지 않아 파산으로 갔었을 것이다. 정말 고마운 직원들이다.

"마케팅은 돈이 있어야 한다."는 고정관념이 있다. 판매 배가 활동으로 뭘 좀 하려고 하면 역부족이라며 미리부터 포기해 버렸다. 광고도 하지 않고 어떻게 선두회사를 따라잡냐며 불가능하다는 이유를 갖다 붙이는 데 열중해 있었다. 우리가 알고 있는 '마케팅 = 돈'이란 개념을 깨뜨린 성공 사례를 찾아내는 것은 어렵지 않다. 어려움만 토로하고 불가능한 것으로 치부해 버린 체 도전해 보는 시도조차도 훼방을 놓는다.

이런 부정적인 문화가 정착된 조직에서 혁신을 기대하는 것은 낙타가 바늘구멍 들어가는 것과 똑같다. 무슨 일을 할 때 장애물과 안되는 이유만 대는 사람이 있는가 하면, 뭐든 두려움이 있더라도 부딪혀 보고 실행하며 궤도를 수정해가는 긍정적인 마인드를 가진 사람이 있다. 후자는 반드시 남들이 못하는 것을 해내는 탁월한 사람으로 인정받게 된다. 그것은 단순하다. 할 수 있다고 믿으면서 어떻게 하면 할 수 있을까를 고민하고, 방법을 찾아내고 행동하기 때문에 할 수 있게 된다는, 검증된 단순한 원리라고 생각한다.

세계적인 SPA 패션 브랜드 회사인 자라ZARA는 광고를 하지 않는다. 매장에서의 경험, 구매 고객의 경험과 적시 제품 출시, 시장 인식에 집중하면서, 재구매와 고객의 입소문과 SNS 전파가 영업 확대로 이어지는 전략에 뛰어나다. 찾아보면 엄청나게 많다. 세계 전쟁사를 찾아보면 더 쉽게 이해가 간다. 약세인 전력에도 불구하고 강자와의 대결에서 마침내 승리한 사례를 마케팅에 적용해 보는 것은 참 흥미롭다.

"사장님은 다르신 것 같아요." 직원들과 해외 전시장을 나가면 듣게 되는 얘기다. 부스 하나하나를 꼼꼼히 보고 아이템을 보는 눈이 남다르다는 얘기를 가끔 듣는다. 그럴 때 하는 말이 있다. 사장이라서 다른 게 아니고 직장 생활 때도 같은 방식으로 일해 온 습관이라고. 흔히들 시장 조사나 전시회에 가면 사진 몇 컷 찍고 한두 가지 접목할 것을 찾아 출장보고서를 작성한다. 새롭게 도전하고 싶은 마음이 생기면 대충 보지 못한다. 대충 넘어가면 마치 죄를 짓는 듯한 기분이 들기까지 한다. 몸이 피곤했다가도 발상이 떠오르면 금세 피로가 사라지는 순간이 기쁘고 보람 있다. 내 눈에는 보이고, 다른 사람에게는 보이지 않는 것, 내 눈에는 보이지 않지만 누군가에는 보물로 보이는 것이 존재하기 때문이다. 시장의 기회를 엿보고 남다르게 보려는 노력이 쌓여서 꿈틀거리는 역량으로 나타나는 것이 아닐까 싶다. 20년 전 시작된 인생을 바꿔 놓은, 기내지에 실린 메모리폼 베개 사진 한 장이 보물이었던 것이다.

성장하는 회사는 자사 강점을 최대한 활용하며 실패를 하면서 배우고 정교한 실패로 발전시키는 전략에 익숙하다. 시장 성공 요인을 자사 강점으로 꾸준히 밀고 교정하며 만들고 있는 것이다. 부족한 약점을 조금씩 보완하면서, 갖고 있는 강점으로 시장의 기회를 찾아내고 있는 것이다. 경쟁자의 약점을 파고들어 공격하는 데 능하다고 하겠다. "마케팅은 돈이다."라는 개념이 공식이라면 세상의 변화는 이루어지지 않았을 것이다. 혁신적으로 세상을 변화시키는 데 공헌한 것들을 되새겨 본다. 가난한 개인 혹은 열악한 근무 환경의 작은 벤처기업에서 탄생한 사례는 얼마든지 있다.

그러나 혁신으로 성공한 벤처기업이 얼마 가지 않아 매력이 없어지기도 한다. 경쟁자의 출현이나 시장의 악화도 있겠지만 그것보다는 예고된 변화, 트렌드 흐름을 읽지 못하고 어느새 풍요를 누리는 데 열중하기 때문이다. 한때 성공으로 이끈 원동력, 변화와 혁신에 갈급한 마음과 열정이 식은 사람과 조직 문화가 주된 원인일 것이다. 제약과 결핍은 위기를 돌파할 창의성을 만들어 낸다. 그 상황을 돌파하기 위한 생각에 생각을 집중하다 보면 지금 갖고 있는 유무형의 재원을 찾아내고 사용하는 단계에 이른다. 내 안의 제조 공장을 가동하는 것에서 위기를 돌파할 창의성이 생겨난다.

07

내 스토리의 나이테,
고독

       나무의 성장은 나이테에 그대로 반영된다. 나이테 간격이 넓은 것은 여름에 자란 흔적이고 좁은 것은 겨울에 자란 흔적이다. 나이테 간격이 좁다는 것은 그만큼 나무가 자라는 동안 환경이 녹록지 않았음을 뜻한다. 살을 에는 듯한 추위가 이어지는 겨울 동안, 나무는 외형적 성장보다는 내면적 성숙을 통해 새봄을 준비한다. 작은 성장이지만, 의미심장한 고통이 나무를 더욱 튼실하게 성장할 수 있게 하는 원동력이 되는 셈이다.

       아우슈비츠에서 구사일생으로 살아난, 빅터 프랭클은 유대인 정신의학자인데, 그가 말했다. "유대인 수용소에서 보니까 몸이 튼튼하고 머리 좋은 사람이 살아남지 않더라. 삶의 의미를 가진 사람만이 살아남더라." 그는 삶에 어떤 의미가 있다면 반드시 고통에

나는 자다가 성공했다

도 의미가 있어야 한다고 봤다.

평범한 삶에는 감동이 없다. 혹독한 고독을 겪어 보지 않고 아무런 시련과 역경 없이 승승장구한 사람이라면 온실에서 자란 식물과 같다. 감동을 주지 못한다. 세상에 영향력을 미치고 우리에게 감동을 주는 사람은 걸림돌을 만나면 디딤돌로 삼고, 한계를 만나면 도전하고 자신의 길을 개척한 사람이다. 빠른 성장보다는 천천히 성숙의 길을 묵묵히 걸어온 사람이다.

1999년 메모리폼 베개가 처음 출시되기까지 도와준 연구원을 오랜만에 만났다. 해임된 소식을 듣고 안타까운 마음에 차마 연락을 드리지 못했다면서 그렇지 않아도 어떻게 지내시는지 매우 궁금했었다면서 환대해 주었다. 그런데 대뜸 "황 사장님 뉴스에 나오는 줄 알았어요."라고 하는 게 아니겠는가? "'충격과 원한으로 목숨을 끊다.', 뉴스에 가끔 자살 소식 나오잖아요." 그 얘기를 듣고 웃음이 터져 나왔다. "왜 스스로 목숨을 끊어요. 살아 있어야 재기의 기회가 있잖아요.", "죽고 싶은 심정이야 어찌 없었겠어요, 받아들일 수밖에 없었습니다." 헤어지면서 성원해 주는 사람이 있다는 것에 감사했고, 행복한 만남이었다.

역사는 우리에게 세상에 영원한 것은 없다는 사실을 알려준다. 시련과 역경을 감내하는 동안 꾸준히 훈련하며 자기 성찰을 통해 다음을 기다리는 지혜 있는 자가 되겠다고 결심했다. 여기에 걸맞는 사자성어가 와신상담臥薪嘗膽이다. 오나라와의 싸움에서 크게 패한 월나라 왕 구천은 나라가 자주권을 완전히 잃은 상태에서 말 그대로 반쪽뿐인 강산을 끌어안고 신하 범려와 3년 동안 오왕 부차의 신하 노릇을 할 수밖에 없었다. 이 굴욕은 군신 모두에게 깊은 상처를 남겼고, 구천은 이 치욕을 갚기 위해 철치부심했다. 그는 매일 쓰디쓴 쓸개를 혀로 핥고 장작더미에 누워 그 고통을 참으며 제가하기 위해 몸부림쳤다.

와신상담臥薪嘗膽이란 유명한 고사가 바로 월나라 왕 구천이 재기의 몸부림을 치는 이 과정에서 탄생했으니, 그 속뜻은 목적을 달성하기 위해 어떠한 고통과 치욕도 참는다는 것이다. 구천은 약 10년 동안 백성의 마음을 한데 모으는 한편 인구를 늘리고 군사력을 키웠다. 오나라가 북벌에만 신경을 쏟는 사이 구천이 오나라를 정복하고 부차를 생포하여 자살하게 한 것은 그로부터 20년 후의 일이다.

회사 경영진이 바뀌면 반갑지 않은 구조조정이 찾아온다. 새

술은 새 부대에 담아야 할지, 예전 일은 다 잊고 기존인력을 품고 갈지 기로에 선다. 경험과 학습으로 내린 원칙이 있다. 자리에 적합하지 않은 사람은 어떻게 해야 할까? 보직을 변경하거나 교체해야 한다는 결론을 내렸다. 가치관Value이 문제인지, 역량Ability이 문제인지, 학습력Learning이 문제인지 심층 분석하여 맡은 직무에 적합한 사람인지 판단하는 기준으로 삼았다.

회사와 개인이 가진 가치관Value이 서로 맞지 않다면 자신에게 맞고 인정받는 회사를 찾아가는 게 좋겠다고 입장을 밝힌다. 자신을 알아주는 곳이 있기 마련이기 때문이다. 역량Ability이 문제라면 회사 내에 할 수 있는 다른 역할이 있는지 살펴본다. 능력만을 따지는 것이 아니라, 역량을 키워나갈 수 있도록 재배치한다. 만약 마땅한 자리가 없다면 잘 헤어지는 것이 최선이라고 생각된다. 학습력Learning이 문제라면 적응 훈련과 경험을 쌓게 하고 기회를 준다. 무한정 기한이 있진 않고, 단기간 목표 기한을 정해 배우려는 태도와 실행력을 본다.

갈등 속에서 조화를 이루어 내며 미래를 열어가는 핵심은 '적합한 사람'이다. 기회를 준다는 아량으로 옆으로 삐죽 튀어나온 나뭇가지를 치는 타이밍을 놓쳤더니 더 큰 고통이 몰려왔던 쓰라린 경험이 있다. 예방주사 미리 맞는 셈 치고 엄격하게 할 때는 결단을 해야 한다. 리더는 좋은 평판만 들을 수 없는 자리임을 명심해야 한다. 착한 대표 소리 듣다가 직원보다 회사 사정을 잘 모르는 지경에 빠지기 쉽다. 법정관리는 기업인으로서는 치욕이 되기도 한다. 경영을 잘 못한 책임이 있기 때문이다. 과한 표현이지만, 죄인이라 할 수 있다. 하지만 법정관리는 면하고 구조조정, 자산매각, 채무 조정 및 영업 활동을 통한 경영 정상화로 직원 및 채권자 등 이해관계자들의 피해를 최소화하기 위한 기업회생 제도이다.

아무런 대책 없이 회사를 파산시키는 것보다 지난 과오를 되짚어 보고, 가능성 있는 회사와 파산시킬 회사를 구분하여 기존 경영자에게 재기의 기회를 주는 취지로 2006년 통합도산법으로 개정되었다. 신청 업체가 늘고 전문성이 요구되면서 별도 파산법으로 발전해가는 것 같다. 위기를 겪는 회사는 경영자의 실수, 과잉 투자, 시장 상황의 급변 등 여러 요인이 있다. 법정관리^{기업회생} 제도는 사업가에게는 매우 좋은 제도이다. 사태를 수습하고 복구할 수 있는 시간이 주어지기 때문이다.

어찌 보면 사업의 진수를 경험하는 값진 기회가 아닌가 싶다. 직원들이 뿔뿔이 흩어지고 경매나 파산 등으로 빚잔치하며 허무하게 끝내지 않고, 서로의 피해를 줄여 회사를 정리하거나, 또는 정상화할 수도 있다. 몸과 마음은 고달팠지만 정말 많은 것을 배울 수 있었다. 실패했다고 주저앉아 있지만 말고 재기의 칼날을 갈고 노력하며 살아간다면 끝내는 예기치 못한 인생의 반전을 맛보게 될 것이다. 사안에 임하는 태도 그리고 걸맞은 행동에 헛된 것은 없다. 극심한 고독의 시기의 사연이 모여 스토리가 되고 그것이 모여 나의 역사가 되기 때문이다.

08

보이지 않았던 것이
보이는 희열

그 꽃

                – 고은

내려갈 때 보았네
올라갈 때 보지 못한
그 꽃

그동안 나는 너무 급하게 살았다. 등산을 가도 그렇다. 빨리 오르면 끝이 보일 것 같아서였을까? 산에서는 속도가 별 의미가 없다. 경치를 보고 꽃과 나무를 보며 자연과 애기도 하며 자기에 맞게 산행을 하면 그만이다. 반드시 정상에 올라가야만 하는 것도 아니다. 삶에서 여유를 누리지 환경과 습관이 삶을 고달프게 한다.

회사의 위기는 너무 앞만 보고 달린 것이 원인이었다. 매출 확대만 보고 달린 것이 오히려 회사 수익 구조를 악화시키고 있었다. 백화점, 할인점, 홈쇼핑, 특판, 수출 등 채널이 다양한 것이 위험을 분산하고 매출액 증가에 기여하긴 했다. 하지만, 그에 따른 재고 부담 등으로 회사는 앞으로 남고 뒤로는 밑지는 장사를 하고 있었다. 재무제표에는 흑자인데, 통장에는 돈이 없는 일이 생긴 것이다.

　　회사 핵심역량에 부합되지 않는 유통 채널은 과감히 정리했다. 18개에서 8개 점포까지 줄어든 백화점에 집중하는 영업 전략을 폈다. 고객 한 분, 한 분에게 가치 있게 판매하자는 뜻에서 판매 수량에 얽매이지 않았다. 저가 판매의 악순환에서 벗어나 제대로 판매해 수익 구조를 개선해 나가기 시작했다

　　실시 몇 달간은 전체적인 매출이 줄었지만, 점차 백화점 매출이 올라가며 수익성이 개선되기 시작했다. 가격 정책을 엄격히 지키고, 품질에 집중하면서 이미지도 차츰 회복되었다. 고객과 바이어의 신뢰를 얻게 되면서 연이은 신규 출점으로 연결되었다. 할인점 등 남들이 입점하기 어렵다는 유통 채널을 과감히 없애는 것을 보고, 이해가 안 간다는 반응이었다. 회사 사정과 역량으로 담을 수 없는 것은 미련 없이 포기한, 지금도 가슴을 떨리게 하는 결정이었다.

매출이 줄어들거나 성장세가 떨어지지 않았는데 서서히 침몰하고 있는 신호를 어떻게 알아차릴 수 있을까? 첫째, 회사의 비용 구조를 볼 때 광고비가 연구개발R&D비보다 많다면 이는 사람들을 억지로 설득하고 있다는 뜻이며, 무언가 위기가 닥쳐오는 징조이다. 둘째, 전략 미팅에서 새로운 아이디어가 나왔는데, 경영진 중 누군가가 "그건 아니다. 우리 회사 방식과는 맞지 않는다."고 한다면, 회사에 새로운 아이디어가 태어날 수 없다는 것을 뜻하며 반드시 문제가 발생한다. 셋째, 업계 관련 분야에서 다양한 스타트업이 탄생하고, R&D가 활성화되고, 새로운 특허가 나온다면 이는 업계가 혁신적으로 뒤바뀔 우려가 있다는 걸 뜻한다. 이 변화를 눈치채지 못하면 회사가 무너지는 것은 시간문제다.

다음과 같은 문화의 조직도 추락하는 수순을 밟게 될 수 있어서 경계해야 한다. 첫째, 보스가 모든 답을 다 한다. 둘째, 직원들은 거기에 익숙해져서 지시가 내려오기만을 기다린다. 셋째, 직원들은 보스가 알려준 답에 따라 일을 수행한다. 넷째, 회의를 마치고 나면 보스가 말한 의도가 뭔지 해석하기에 바쁘다. 보스는 본인이 없으면 직원들은 답을 찾아내지 못할 것이라고 결론을 내린다. 그리고 '모든 일을 내가 알려줘야 하는구나.'라고 결론을 내린다.

개발도상국 시절은 카리스마 리더십이 성장을 이루어냈고 효율적이었다. 하지만, 변화무쌍한 21세기는 다르다. 회사의 성장은 직원의 역량에 비례한다. 지금은 지루하고 답답해 보일 수 있지만 도전과 배움의 기회를 주고 기다린다. 처음엔 느린 것 같지만 차츰 역동성이 만들어진다.

첫째, 질문을 한다. 둘째, 해결이 가능하다는 것을 보여준다. 셋째, 직원의 제안과 역질문에 후환 없이 소통한다. 리더는 과제의 해결책을 알고 있지만 참고 기다려 준다. 사람은 도전을 받으면서 더 똑똑해지고 통찰력도 신념도 커진다. 바른말을 윗사람에게 할 줄 아는 직원이 있는 회사는 건강한 회사다. 보통은 해 봤자 소용없다고 생각하고, 굳이 안 해도 될 말을 해서 미운털 박히기 싫어한다. 상사의 입장에서 반론하는 부하가 이뻐 보이진 않는다. 하지만, 곰곰이 생각해 보면 자신에게 직언하는 용기 있는 직원이 기특하고 고마운 존재임에는 틀림없다. 상사가 보지 못하고 있거나 간과한 것을 알려주기 때문이다.

상사는 자신이 듣기 좋은 소리만 듣고 싶고, 보고 싶은 것만 보기 좋아하기에 자신의 기분을 맞춰 주는 사람을 기용한다. 떠받들어진 분위기에 익숙하다 보면, 들어야 할 소리를 듣지 않고, 봐야 할 것을 보지 않다가 어느새 눈과 귀가 가려져 한 방에 훅 가는 어려운 일에 봉착한다. 이런 사실을 모르는 리더는 없을 것 같지만, 기분을 언짢게 하는 직원과 일하고 싶지 않은 본성으로 실천이 수월치 않다.

리더가 쉽게 우를 범하는 것이 있다. 주변에서 나이와 직위, 위치 등으로 인사를 잘하고, 박수를 치고, 예의를 갖추는 것을 보고 자신이 대우받고 잘하고 있다는 착각 속에 빠지는 것이다. 구성원들이 자신을 벌거숭이 임금님으로 보고 있다는 사실을 놓치는 경우가 흔하게 일어난다. 좋은 말만 듣고 싶어 하는 리더에겐 입 다물고 직언하지 않기 때문이다.

리더는 상호 간 견제와 균형을 놓치지 않도록 분위기를 만드는 개방형 마인드를 가져야 한다. 서번트 리더십 servant leadership 즉, 섬김의 리더십이 새로운 모델로 자리잡고 있다. 하지만, 겉으로 보이기 위한 가식적인 리더십이 되기 쉽다. 조직을 이끌기 위한 리더십의 변화가 요구된다. 바로 아랫사람을 이끌고 수평적 대화로 벽을 허무는 데에만 머물지 않아야 한다. 중간 리더의 역할이 중요하다. 아랫사람을 배려하고 윗사람과 소통하며 보필하는 리더십이 발현되어야 한다. 교육 과정, 기술과 역량, 시장 점유율 등이 아무리 뛰어나도 서로 사랑하는 마음이 없으면 무주공산無主空山이 되기 쉽다. 회사를 사랑하고 맡은 일을 사랑하는 직원이 회사를 성장시킨다.

09

옮겨 심어도
사는 나무

아파트나 골프장에는 멋진 소나무가 사람을 맞이한다. 높은 소나무의 자태는 한 폭의 그림을 연상시키며 현대적 건축물과 조화를 이룬다. 소나무 한 그루 값을 알고 깜짝 놀란 적이 있다. 몇만 원에서 몇백만, 몇천만 원 이상을 한다. 심지어 형태에 따라 몇억 원대를 호가하는 소나무도 있다. 야산에 있는 소나무는 힐값이다. 그런데 이를 다른 곳에 옮겨 심으면 얘기가 달라진다. 준비 작업에 몇 년이 걸리는 경우가 있다. 이식할 경우 나무가 고사할 가능성이 높기 때문에 능숙한 작업자의 손길이 있어야 한다.

소나무 가격이 비싼 이유는 새로운 환경에 적응하지 못하고 고사하는 비율이 높기 때문이다. 옮겨 심어진 곳의 낯선 토양에 뿌리내리고 산다는 것이 그만큼 어려운 것이다. 다른 환경에 적응해 식물이 서로 붙거나 뿌리를 내려서 잘 사는 식재목의 생존율을 활착율活着率이라고 한다. 회사에서 해임되고 나서 사람 만나기가 싫어졌다. 모임을 줄이고 연락도 하지 않았다. 혼자서 보내는 시간이 늘어났다. 늘 직원이나 손님과 식사를 했고 혼자 먹는 일은 거의 없었다. 식당에서 혼밥하는 것이 왠지 외롭고 초라했다.

환경이 변하면 적응해 가야 하는데 그동안 누렸던 익숙함이 여간 힘들게 하는 것이 아니었다. 밥맛도 없어서 대충 때우기도 하고 때로는 때를 놓쳐 굶는 일도 생겼다. 어느 날, 혼자 밥 먹으러 식당에 갔다. 옆 테이블에서 혼자 식사하는 젊은 친구가 눈에 들어왔다. 얼마나 맛있게 씩씩하고 즐거운 표정을 하고 먹던지, 모습만 봐도 기분이 좋아졌다. 멀쩡하게 걸어와서 돈 내고 먹을 수 있는 것만으로도 행복하단 걸 생각하지 못했다. 너무 부끄러웠다.

그 후, 혼밥을 맛있고 씩씩하게 먹기 시작했다. 평소에는 혼자 조용히 식사할 수 있는 식당을 찾았는데, 언제부턴가 먹고 싶은 메뉴는 양해를 구하며 인사를 하고 합석을 했다. 기분 좋게 먹으니까 몸과 마음이 한결 좋아지는 것 같았다. 작은 행동에서 삶의 의욕이 조금씩 살아나는 느낌을 받기 시작했다.

대학시절 교생실습 나갔을 때, 그 학교에 인기 여고생 가수 이지연 씨가 있었다. 〈바람아 멈추어 다오〉로 한창 인기를 끌고 있을 때 갑자기 미국으로 떠났고 곧이어 결혼한다는 소식과 함께 연예계에서 보이지 않았다. 그녀는 한 TV프로에 나와 결혼 생활에 문제가 생긴 사실을 가까운 사람에게도 밝힐 수 없었고, 자신이 결정하고 저지른 것이라며 어려웠던 시절을 진솔하게 얘기했다.

최고 요리학교를 졸업하고 취직한 레스토랑 주방에서 처음 한 일은 양파를 까는 것이란다. 내가 이런 것 하려고 요리학교 나왔나 자존심 상해서 주저했지만, 이왕 할 거면 최고로 해야겠다는 마음이 들어서, 양파 까기에 열심을 넘어 최선을 다했다고 한다. 그것도 즐거운 마음으로⋯. 얼마 후 일을 시킨 쉐프가 다른 일을 주더라는 것이다. 이것도 처음처럼 열심을 넘어 최선을 다해서, 그렇게 다음 일을 배워갔다고 한다. 이렇게 밑바닥부터 배운 것을 바탕으로 재산 다 날리고 쫄딱 망한 상태에서 동생이 도와준 2천 5백만 원으로 어렵게 시작한 레스토랑이 지금은 연 25억 원의 매상을 올리고 있다고 한다. 최고의 맛과 멋을 위해 도전하는 요리사가 되고 싶다는 꿈을 말한다.

"일생에 세 번의 기회가 온다."는 말은 거짓말입니다. "일생에 기회는 매일 옵니다." 지금 하는 일을 사랑하고 사랑하는 마음으로 하면 기회는 매일 옵니다. "매일이 꿈을 이루는 기회"라고 "돈을 쫓으면 돈이 도망가고, 할 일을 쫓으면 돈이 들어온다." 이 말이 마음에 다가온다. 오랫동안 한 지역에서 자라던 나무가 이식에 필요한 준비를 소홀히 한 채 다른 지역으로 옮겨 심어지면 활착율活着率이 현격히 떨어진다. 지금까지와는 다른 토양에 적응하지 못하고 대부분 고사한다. 옮겨 심을 것을 대비해 몇 년간 준비를 거친 나무는 달라진 토양에 적응하며 뿌리 내리고 생명을 이어가며 멋진 자태를 보여준다.

인천에서 200년 넘는 소나무가 다른 지역으로 옮겨 심어졌다가 고사한 일이 있었다. 소나무가 있던 지역과 옮겨 심어진 지역의 토양이 달랐기 때문이다. 원했건 원하지 않았건 익숙한 환경을 벗어나 환경이 새롭게 펼쳐지는 것이 우리네 인생이다. 아주 거칠고 메마른 사막에 심어져도 우리는 희망의 오아시스를 찾아 떠날 수 있다. 한 번 심어진 곳이 영원한 곳은 아니다. 우리는 익숙한 곳을 떠나 옮겨 심어진 곳에 적응하고 정착하는 나무가 되어야 한다. 고난으로 생성된 적응 능력은 옮겨 심어진 낯선 그곳에 뿌리를 내리고 사는 활착력活着力이 강한 나무가 될 수 있게 해 준다.

10

무뎌진 것이 아니라,
깊어진 것이다.

사업을 하다 보면 별의별 일이 다 생긴다. 월급쟁이 청산하고 뭣도 모르고 사업 세계로 들어온 지 27년째다. 창업으로 돈 벌며 얽매이지 않고 자유롭게 살고 싶었다. 사업은 오묘하고 기묘하다. 거창한 계획을 세우지 않았지만, 계획대로 된 것은 거의 없었다. 우여곡절 끝에 이뤄지거나 예상과 빗나가는 경우가 대부분이었다. 시도 때도 없이 나타나는 변수에 어찌할 바를 몰라 좌충우돌했고, 사건, 사고 등으로 정신을 못 차릴 지경이었다. 한시도 바람 잘 날이 없었다. 이제 평온하다 싶으면 마음이 요동치는 문제가 어김없이 찾아왔다. 사업 초창기 자리를 잡아가는 과정에서 빚이 순식간에 늘어났다. 연대보증을 서 주신 아버지 집이 경매로 넘어가는 가슴 쓰린 일을 겪었다.

사장은 동네북이다. 잘해도 욕을 먹고, 못해도 욕을 먹는다. 무심코 뱉은 말로 상처를 주고받는다. 어느 때부터 최대한 감정을 다독여 즉답을 하지 않는 습관이 생겼다. 삼사일언三思一言으로 신중하게 말하고 적을 만들면 안 된다는 염려가 불러온 현상이다. 때로는 억눌러 참아온 말이 튀어나와 후회막심으로 돌아오기도 한다. 참 어려운 자리다.

나의 행동을 보고 천진난만, 천진무구하다는 소리를 듣는다. 한마디로 철이 없다는 소리다. 이해가 가지 않는 모습으로 보이는 이유가 있다. 어이없는 일, 생각하기 싫은 일 등을 떠올리고 싶지 않아서 하는 의도적인 행동이기 때문이다. 솔직히 속 편하지 않고 미칠 것 같은 심정이다. 지옥 같은 현실에서 벗어나고 싶어 귀찮아도 운동하고 현실을 살아 내려고 순수하게 노력할 뿐이다. 사업을 통해 겪은 험난한 부침은 결국 성장의 양분이었다. 정서적 안정과 평정심을 키우고 '인생은 새옹지마'라며 일희일비하지 않는 모습이 되었다. 그래야 희망이 보이고 성장하는 인생이 된다는 믿음이 있어서다. 지겹고 질린 나머지 사업하기 싫다고 마음먹었다가도 다시 사업하는 것을 보면 경로의존성인가, 회복탄력성인가, 속된 말로 팔자인가? 아니면 성장탄력성인가?

누구나 변화하자고 말하기는 쉽다. 문제는 현상을 유지하며 변화하라고 요구하기 때문에 갈팡질팡하게 만든다. 유지와 성장 두 마리 토끼를 잡아야 한다고 주장한다. 다들 이런 식으로 말하지만, 사실 현장에서 말처럼 되지 않는 경우가 흔하다. 이유는 간단하다. 도전은 기존 방식을 벗어나야 가능하다. 지금까지 통했던 방식을 고수하며 변화와 도전을 외쳐도 요란한 구호에 그친다. 한마디로 욕심이다. 어렵게 쌓아 올린 브랜드 가치를 까먹기는 순간이다. 매출 부진을 타개하기 위해 손쉽게 쓰는 방법이 가격 할인이다. 단기간 매출 향상을 도모할 수 있을지 모르지만, 그 여파는 오래간다. 매출 부진 타개책이 약이 아니라, 독이 되어 돌아오기 일쑤다. 회사가 장기적으로 어떻게 될지 숙고하지 않은 단기 실적 위주의 정책은 브랜드 이미지를 망가뜨린다.

재무적인 관점에서 보면 당장 매출이 떨어지면 난리다. 단기간 운영하는 사모펀드private equity fund 같은 투자를 받았다면 원인과 대책을 보고하느라 일을 못 할 지경에 몰린다. 투자 얘기로 들어가 보자. 투자를 하거나 투자를 받거나 기대 효과를 상대방에게만 의지하는 경우 안 좋은 결과를 내는 경우가 있다. 투자를 하는 쪽에서 가능성 있는 대표와 사업성을 보고 투자를 결정했으니까, 사업계획서대로 해내 보라는 식으로 조건을 단다. 그 후 계획에 어긋나면 처음 약속과 다르다고, 험한 꼴 보게 된다고 하는 등 우월적 지위로 몰아세우는 지경에 이르기도 한다. 투자를 통해 "미래 가치"라 불리는 엑셀 문서의 숫자와 "레퍼런스"라 불리는 유사 업종이나 타업종의 성장 공식을 그대로 적용할 때 불협화음이 불거진다. 물리적 소유와 경영권의 발휘는 한배를 타고 성장에 대한 사명감과 책임을 함께 가져가야 가능하다고 본다. 투자 성공 사례도 많이 있다. 면밀히 들여다보면 성공을 부르는 서로의 행동이 발휘된 것을 알게 된다. 투자하거나 받을 때는 신중에 신중을 기울여야 하는 이유이다. 자칫 잘못하면 둘 다 망조가 날 수 있으니까 주의해야 한다.

수익성 매출과 고객가치 수요를 일으키기 위해서는 대대적인 정비를 해야 한다. 심사숙고할 시간이 있어야 침체된 브랜드의 반전을 꾀할 수 있다. 시장의 변화 속도는 실로 엄청나다. 인터넷에서 모바일이 대세가 되면서 더욱 빨라졌다. 이전에 먹혔던 기술과 경험이 성공을 보장할 수 없는 시대다. 변화와 도전을 위해서는 칼을 갈아야 한다. 한계치에 도달한 무뎌진 칼날을 예리하게 만들기 위해서다. 칼을 가는 동안에는 실적이 떨어지기 쉽다. 미리 알고 각오하고 시작해야 한다.

변화는 그에 동승하는 공동체가 함께 움직여야 가능하다. 1

인 기업이 아닌 한, 대표 혼자만으로는 변화할 수 없다. 월급 받기 위해 마지못해 듣고 따라 하는 관중 직원이 많다면, 변화는 일찌감치 물 건너간 것으로 봐야 한다. 투자자 등 이해관계자의 눈치를 봐야 한다면 변화가 더욱 어렵다. 주변에서 보기에 긴장하지 않는다고, 때로는 여유 있어 보인다고 이런저런 소리를 듣게 된다. 무뎌져 보일지 모르지만, 진정한 변화를 위해 칼을 갈며 고민이 깊어진 상태여도 말이다.

어떤 길로 가야 하는지, 어떻게 해야 하는지, 핵심역량과 부합하는 변화인지, 잘못되면 뒷수습을 감당할 수 있는지, 일정 기간 영업 부진을 견뎌낼 수 있는지, 없다면 대안은 무엇인지, 숙고하며 내면이 깊어진다. 멈출 때는 멈출 수 있어야 한다. 하루 일과를 마치고 잠을 자듯 회사 경영 방식도 쉼을 가져야 한다. 경영을 멈추고 영업을 하지 말라는 얘기가 아니다. 익숙하면 눈에 들어오지 않기 때문에 차분히 들여다보는 시간을 가져야 한다는 말이다. 깨진 유리창의 법칙이 경영에도 그대로 들어맞기 때문이다.

흘러가는 대로 그냥 떠밀려 가고 있는 건 아닌지 고민하며 숙고해야 한다. 멀리서 회사를 바라봐야 한다. 남의 회사에 대해 이렇다 저렇다 평론하듯이 말이다. 목적과 목표를 정비하고 틀어진 균형을 정렬하는 시간을 주기적으로 가져야 한다. 근거가 뭐냐 따지는 주변의 냉대 속에서 하나씩 하나씩 시도해 봐야 한다. 해보기도 전에 성공의 정확한 근거가 어디 있을까 싶다. 진정한 변화는 남이 가지 않는 길을 걷는 것임을 잊지 말자.

"창의력을 발휘하려면 실수를 많이 해봐야 한다.
어떤 실수가 건질 만한 실수인지
식별해 내는 것이 비결이다."

–

스콧 애덤스

맨땅에
헤딩하지 마라.

01

시장이 바뀌었다,
원인 파악이 먼저다.

어떤 예기치 못한 상황을 맞닥뜨렸을 때, 자주 "맨땅에 헤딩하기"라는 표현을 한다. 이 말이 참 무지하다는 사실을 깨달은 것이 얼마 되지 않는다. 맨땅에 헤딩하면 코피 터지고, 머리 깨지고, 팔다리 부러지고 심지어 죽을 수가 있다. 미리 예측하고 B플랜을 갖고 있었다면 굳이 심한 부상 또는 목숨까지 잃을 수 있는 위험성을 감수할 필요는 없기 때문이다. 위험 분산, 리스크헷지 Risk hedge가 주식 투자나 보험 회사, 외환 등에서만 쓰이는 용어가 아니다. 장사나 사업에 반드시 염두에 두어야 할 대목이다. 이제는 한 분야에 올인해야, 한 우물을 파야 성공한다고 어느 누구도 보장할 수 없다. 맨땅에 헤딩하고, 이가 없으면 윗몸으로 씹어야 성공했던 지난 시절은 이미 지났다. 그러다가 내 몸만 상한다. 바뀐 시절을 볼 줄 아는 지혜와 명철이 있어야 한다.

과거에 성공했던 방법이라고 해도 성공한다는 보장은 없다. 브랜드 컨설팅업체 "잇빅피시Eatbigfish"의 애던 모건은 과거와 결별하는 방법 중 하나는 "경로 의존성path dependence을 깨는 것이다."라고 말한다. 경로 의존성이란 과거에 경험했던 성공으로 인해 "과거에 이 방법으로 성공했으니 계속해서 같은 방법을 진행하는 현상을 말한다." 이는 얼마 동안은 성과를 올릴 수 있지만, 빠르게 변하는 비즈니스 세계에서는 일정한 시간이 지나면 과거의 경험이 변화와 성장의 발목을 잡는다. 알리바바 마윈 회장은 "열정과 창의력이 충분하다고 해서 다 된 것은 아니다."라고 하며 "창업자는 좋은 시스템, 제도, 팀 그리고 원만한 수익 구조를 가지고 있어야 한다."며 성공하기 위해 조화를 이뤄야 한다는 경영철학을 밝혔다.

2014년 말 이케아 광명점이 오픈한 뒤 가장 크게 타격을 받을 곳은 가구 업체라 모두들 예상했다. 선두 가구 업체들은 일찌감치 매장을 대형화하고 대비를 했지만, 중소 가구 업체들은 긴장하며 생존의 기로에서 걱정이 이만저만이 아니었다. 막상 뚜껑이 열리고 보니, 선두 업체는 자신의 강점을 살려 차별화 전략을 펼쳐 실적이 많이 호전되었고, 중소기업도 이케아의 영향을 크게 받지 않았고 매출도 줄지 않았다. 오히려, 대량 생산으로 원가 경쟁력을 확보한 선두 업체의 저가품의 출현으로 중소 가구 업체의 수익성이 떨어지면서 경영난이 가중되는 결과를 낳았다.

　　이케아 광명점의 오픈으로 타격을 받은 곳이 엉뚱한 에버랜드라는 말이 회자되었다. 에버랜드는 테마파크이고, 이케아는 가구점, 둘을 '경쟁 상대'로 분류할 근거가 없었다. 하지만 이제는 영역 파괴의 시대이다. 가성비 뛰어난 푸드 코트와 각종 편의시설이 갖춰진 리빙 인테리어 테마파크 이케아 광명점은 주말 에버랜드로 향하던 방문객의 발길을 돌리게 만들었던 것이다. 전국 방방곡곡 유동 인구가 많은 곳에는 백화점이 자리해 있고, 마음만 먹으면 스마트폰으로 무엇이든 살 수 있다. 모바일 쇼핑이 대세인 이 상황에서 차를 타고 굳이 쇼핑몰로 향해야 할 이유가 있을까? 이 같은 우려를 딛고 스타필드 하남은 쇼핑과 여가를 동시에 해결하는 시장에 안착하고 있다.

　　경영 위기 신호를 인식하는 데 도움이 되는 몇 가지를 들어본다.

　　1. 매출이 늘어도 현금 보유가 줄어든다.
　　2. 많은 업무를 하기보다 한두 가지 일을 하고 싶어한다.
　　3. 과거에 먹혔던 제품과 판매 방식, 관리 방식에 갇혀 일한다.
　　4. 지난 죽은 숫자에 몰입하고 미래 숫자에 막연한 기대감을

갖고 있다.

5. 매출과 수익 창출을 위해 골몰하기보다는 성과를 누리는 데 관심이 많다.

6. 직접비 · 간접비 원가절감과 업무 개선에 절실함이 없다.

7. 문제의 원인을 찾아 마무리 짓지 않고 책임전가 떠밀기만 한다.

8. 왜 일하는가에 대한 직업 개념이 없다. 기준이 돈을 버는 가에 있다.

9. 비즈니스 모델의 성장을 위해 근원적으로 고민하고 다듬어 가는 구성원이 없다.

10. 임파워먼트empowerment 권한 위임보다는 의심하고 관여에 치중한다.

전문가를 대표로 앉히고 손대지 않는 것, 단지 평가를 해서 책임을 지게하고 나머지는 모두 맡기는 것이다. 워런 버핏이 적용하는 절대경영법칙으로 한 사람이 모든 것을 알 수 없다는 상식에 기반을 둔 것이다.

인터넷과 모바일 메신저 카톡 등이 오히려 소통을 방해하고 있다. 가벼운 대화나 동호회 등의 소식 알림으로 활용도가 높은 게 사실이지만, 진정한 대화로 수준 있는 레벨은 되지 못한다. 문자 하나가 불러오는 의미 전달의 오류로 상처를 주고받기도 한다. 만나고 대면하는 인간관계 속에서 정을 느끼고 나누고 인정받고 싶어하는 것은 인간의 본성이다. 백화점은 변신을 시작했다. 물건을 사는 곳에서 시간을 보내는 곳으로 바뀌고 있는 것이다. 머물면서 휴식하고 재충전하며 쇼핑의 즐거움과 편리함을 제공한다. 다소 비싸지면 가격 대비 혜택이 다양화되며 소비자의 구매 심리를 이끌어내고 있다.

기능적 이미지는 개발, 생산에서 만들어지고, 상징적 이미지는 소비자 커뮤니티 등과 같은 관계 속에서 만들어진다. 경험적 이미지는 쇼핑이나 문의, 배송 등이 일어나는 현장에서 구매 활동과 상담 등 적극적인 참여로 이루어진다. 강력한 경험적 이미지를 구축하는 것은 "백 번 듣는 것이, 한 번 경험하는 것보다 못하다."는 직접 경험해야 확실히 알 수 있다는 '백문이불여일견百聞-不如-見'의 실현이다.

오프라인과 온라인 유통이 융합하면서, 주문은 모바일에서 하고 오프라인 모임을 통해 정보를 교환하며 공급자와 소비자를 연결하는 비즈니스가 호감을 받고 있다. "고객의 80%는 비싸도 구매

한다."는 말이 있다. 구매의 주체인 고객에게 주어지는 유무형의 혜택benefit이 어떻게 전달되고 공감하는지에 따라 사업의 성패가 갈리는 시대이다. 유일무이한 독특한 경험을 창조해 내는 것이 궁극적인 경험적 이미지 차별화라고 할 수 있다. 이러한 발현은 일터에서 자기 인생을 연결하고 공감하며 일하는 직원이 모인 기업 문화에서 나온다. 경험적 이미지는 매장 방문 시 고객과 판매 사원에 의해서 창조되고 개인적이고 독특하며, 매우 강력한 힘으로 충성고객과 연결된다.

21세기 경제는 체험 경제Experience economy라고 한다. 이제 소비자는 제품을 구매하는 것보다 매장의 방문 경험이나 거래 과정을 중요하게 생각한다. 전국 매장의 충성 고객을 300여 분을 찾아다니며 나눈 감사의 인사와 만남의 시간, 식사 초대 간담회는 색다른 감동을 주었다. 궁금한 사항을 묻고 답하며 고객 참여를 이끌어 냈고, 고객 간의 관계를 연결시키는 가교 역할을 하였다. 스콧 그래프턴은 말한다. "어떤 분야에 자신이 있고 그 분야에 대해 깊이 생각하기 시작하면, 오히려 물속에서 죽을 수도 있다."고 이미 잘 알고 있다는 사실이 어쩌면 독이 될 수도 있다는 의미이다. 미래는 크고 강한 기업이 살아남는 것이 아니라, 끊임없이 새로운 시도를 하며 진화하는 기업이 살아남는 시대이다. 성공한 사람에겐 그만한 능력이 뒤따

랐기보다는 목표에 대한 집중력의 차이가 가장 큰 원인이었음을 알 수 있다. 옛말에 한 우물을 파야 성공한다고 했지만, 지금은 우물을 파되 꾸준히 연계성을 갖고 넓게 파야 성공하는 시대이다.

02

완벽한 계획은 없다, 작게 시도하라.

완벽함을 추구하면서 실행을 지연하는 것보다는 일단 시작하고 나서 지속적으로 개선하는 편이 낫다. 분석 무기력증에서 빠져나와야 한다. 출발을 위한 계획은 있어도, 목표 달성을 위한 완벽한 계획은 없다는 것을 사업하면서 알게 됐다.

스타트업하려는 학생이나 창업한 지 얼마 되지 않은 분들을 만나는 일이 있다. 듣다 보면 자신들이 세운 계획과 만반의 준비 태세를 다 갖춘 양 눈동자가 커지고 얼굴빛이 변하며 열심히 쏟아 낸다. 뜨거운 열정과 자신감이 넘쳐 보여 좋다. 자세히 들어보면 비즈니스에 집중한 것이 아니라, 자기만족에 몰입되어 열변을 토하는 모습이 흔하다. 아이템 선정이나 서비스 제공에서 오류는 흔하게 일어난다. 사업의 세계는 심오하고 참으로 오묘하다. 아무리 계획을 세우고 완벽한 준비를 갖추고 출발했다고 해도 불쑥불쑥 튀어나오는 변수에 당황할 때가 너무나 많다. 반면에 완벽한 계획을 세웠다며 미래를 호언장담하는 분들을 보면 당황스럽다. 자기가 만든 짜여진 꿈속에서 놀다가 시간만 보내는 것은 아닌지 모르겠다.

출발을 해야 하는데, 완벽한 계획, 준비에 몰입되어 시작을 못 하는 것도 보게 된다. "아직 준비가 안됐습니다." 신중함을 기하는 것이 나쁘다는 것은 아니다. 지나친 신중은 출발을 늦춘다. 아니, 못 하게 만든다. 계획은 출발을 위한 것이다. 수행 계획과 목표는 궁극적인 목적으로 가기 위해 변형되고 다듬어진다. 당초 계획을 변경하는 것을 극도로 싫어하고 강한 거부감으로 처음 세웠던 계획대로 밀어붙이는 것을 본다. 이런 고집스러운 방식은 변화가 더뎠던 시대에는 목표로 가는 방식이었다. 지금의 변화무쌍한 시대와는 거리가 있다. 계획은 적합한 수정을 거치면서 다듬어진다. 이런 과정을 거치면서 목표 달성률은 높아진다.

여행을 생각하면 금세 이해가 갈 것이다. 일정대로 딱딱 맞아떨어지는 여행이 재미가 있을까? 여행사 패키지를 가도 현지에서 일어나는 변수로 가이드는 양해를 구하기 바쁘다. 그때그때 어떻게 대응하느냐에 따라, 여행사와 가이드의 수준이 드러난다. 사업을 하다 보면 도중에 불쑥불쑥 튀어나오는 예기치 못한 일들이 너무나 많다. 이를 예상해서 계획을 세우고 대비한다는 것은 거의 불가능하다. 다만, 그때그때 일어나는 변수에 어떻게 대응하는가에 따라 사업의 존폐가 갈린다.

항구에 있는 배는 바다로 나가야 한다. 하지만, 브레이크 없는 자동차처럼 앞에 절벽이 있는지도 모르고 계획대로 앞만 보고 가면 위험하다. 한순간에 훅 갈 수 있다. 왠지 모르지만 끝내주는 아이디어, 끝내주는 제품 혹은 기능, 그럴싸한 마케팅 이벤트는 예상을 많이 빗나갔다. 하나의 "끝내주는" 그 어떤 것에 푹 빠져 개발하고, 마케팅하고 나서 허무한 결과를 내면 허무하다. 진짜 끝내주는 사업은 대부분 끊임없는 개선과 탐색을 통해 점진적으로 이루어짐을 알 수 있는데, 눈에 콩깍지가 씌어 이를 간과하는 경우가 너무나 많다.

근사한 사업 계획에 매몰되어 무엇을, 어떻게, 어디서부터 출발해야 하는지를 잘 모르는 경우가 있다. 지금 여건에 할 수 있는 작은 일부터 해야 한다. 전국을 상대로 하고 싶다면, 어느 한 지역에서 시작하는 것이다. 작게 직접 해 보면서 실전과의 괴리와 시행착오의 경험을 쌓는 게 중요하다. 꿈을 품고, 도전하는 것은 당연하다. 하지만, 꿈에 매몰되어 어디서부터 뭘 해야 하는지를 모른다면 꿈 속에서 노는 것밖에 더 되겠는가? 사무실을 근사하게 꾸미고, 구글 등 우리와 비교되지 않는 근무 분위기에 매료되어 멋지게 출발하려는 스타트업을 자주 목격하게 된다. 스타트업의 핵심은 비즈니스

나는 자다가 성공했다

모델이 진정 고객이 필요로 하는 부분인지 냉정히 따져 보는 게 우선이다.

애플은 스티브 잡스가 살았던 집 주차장에서 시작했다. 훗날, 세상에 위대한 영향을 준 결과의 출발은 모두 작았다는 사실을 잊지 말아야 한다. 물론 작게 출발해야만 성공의 길을 간다고 장담할 수는 없지만, 위험 요소를 최대한 줄여서 작게 출발하는 것이 지혜로운 창업이다. 나의 첫 번째 창업은 보험회사 소장으로 있었던 친구 사무실이었다. 사무실 사용하기 위해 보험설계사 시험을 봤고, 책상에 팩스 한 대 올려놓고 시작했다. 몇 달을 그곳에 있었다. 아무리 친한 친구 사이라도 오래 신세를 지게 되면 눈치가 보인다. 자립하겠다는 의지를 다지게 되었고, 그 후 10평의 작은 사무실로 이전했다. 차츰 매출이 늘면서 조금씩 넓혀 갔다.

창업을 결심했다면 모든 걸 알아야 하고 해봐야 한다. 본인만 인정하는 기가 막힌 아이디어에 매몰되어 금세 대박을 칠 것 같은 기분에 사로잡히면 안 된다. 아이디어만 있으면 생산은 하청업체에 맡기고 이커머스나 SNS 포스팅하면 매출이 발생할 것이란 착각에 빠져 있는 경우를 본다. 본인은 근사해 보이는 마케팅, 영업만 하면 된다는 의중을 들어낸다. 절대 오산이다. 비닐, 라벨 등 자재 하나 하나를 챙겨야 하고 포장, 반품 들어온 박스 까대기 작업도 자기 일이라고 여겨야 한다. 그렇지 않다면 직장 생활을 하는 편이 훨씬 낫다. 최소한 돈은 까먹지 않으니까 말이다. 창업으로 돈 벌기가 그리 만만하지 않다.

작게 출발하여, 기초가 튼튼해지고 나면 서서히 핵심기술을 개발하는 등 주력사업에 집중한다. 안정된 방식으로 경영하고 관리하는 데 힘써야 한다. 동시에 자기 개혁과 합리적인 조직 개혁은 지속적으로 진행되어야 한다. 이론적으로 알지만, 현장에서 실제로 적용하는 것은 무척이나 어렵다. 사업해 본 사람, 망해 본 사람은 안다. 창업보다 수성이 어렵다는 사실을… 노키아, 모토롤라 등 세계적인 회사가 망해가는 것을 보면서, 놀라움을 금치 못했다. 세계적 석학인 짐 콜린스가 쓴 『좋은 기업을 넘어, 위대한 기업으로』라는 책을 감동적으로 읽었던 기억이 난다. 이 책이 베스트셀러가 되니까, "좋은 것은 위대한 것의 적이다."라는 말까지 나왔을 정도로 여기저기에 갖다 붙여진 "위대함" 단어가 유행했다. 짐 콜린스는 그 위대한 기업이 몰락하는 순간들을 목격하면서 큰 충격을 받았고, 그 책에서 영원한 기업은 없다는 것을 상기시켜 준다.

"우리 회사는 최근에 큰 성공을 거뒀지요. 그런데 바로 그게 걱정입니다. 제가 알고 싶은 것은 '그것을 어떻게 알아차릴 것인가' 하는 점입니다. (…) 자기 분야에 최고가 되었을 때, 바로 그 힘과 성공 때문에 자신이 이미 쇠퇴의 길로 들어서고 있다는 사실을 깨닫지 못합니다. 어떻게 하면 그 사실, 즉 몰락의 징조를 알아차릴 수 있을까요?"

이 질문의 답으로 짐 콜린스가 말하는 몰락의 5단계를 보면 1단계 성공으로부터의 자만심, 2단계 원칙 없이 더 많은 욕심을 내는 단계, 3단계 위험과 위기 가능성을 부정하는 단계, 4단계 구원을 찾아 헤매는 단계, 5단계 유명무실해 지거나 생명이 끝나는 단계로 그래프가 그려진다. 자신의 성공 요인을 제대로 정확히 분석하고 진단하는 리더가 있을까? 보통 성공한 얘기를 들어봐도 "열심히 해 왔더니 여기까지 왔습니다.", "운이 좋았던 것 같습니다.", "다들 도와주신 덕분 입니다." 등 성공의 근거를 애매하게 말한다. 성공 요인을 제대로 파악하지 못하고 있고, 성공은 다시 실패로 가는 갈림길이 될 수 있음을 인지하지 못하는 우를 범하는 것 같다.

정말 훌륭한 리더들은 겸손한 마음과 늘 스스로를 긴장시키며, 끊임없이 노력하고 발전 시켜 나아간다. 그렇지 않은 리더들은 자신의 능력을 과신하며, 잘 되면 내 탓이요, 못되면 남을 탓하거나,

주변 여건을 탓할 것이다. 창업해서 성공하기도 어렵지만, 지속적인 발전과 유지는 그야말로 더 어려운 것이 현실이다. 성공한 기업, 위대한 기업, 내공 기업으로 오래 지속할 수 있는 그런 기업을 만들고 싶다.

03

멘토를 찾고,
선택은 내가 한다.

회사가 경영난을 겪으면서 해외 출장 가는 날이면 걱정으로 마음 놓고 떠날 수 없을 지경으로 불안했다. 어렵사리 떠나면 돌아오고 싶지 않은 마음이 꿈틀거렸다. 내가 탄 비행기가 한국에 가까워질수록 가슴이 답답해지는 증상까지 나타났다. 비행기 바퀴가 활주로에 닿으면 그 울림으로 숨이 턱 막힐 지경이었다. 산적한 문제를 헤쳐가야 할 것을 생각하면 망막했기 때문이다.

사업으로 산전수전 겪으신 사업 선배님을 찾아갔다. 이야기를 다 들으시고 문제 해결을 쉽게 돈으로 하려는 의도를 꿰뚫어 보셨다. "황 사장 매출처가 아직 있잖아~ 그걸 살려요.", "자재 공급처에 사정을 얘기하면 협조를 받을 것 같은데, 충분히 회사 살릴 수 있을 것 같은데…" 다른 거 할 생각 말고, 현재 가지고 있는 것을 최대한 살려 보라는 말씀을 해주셨다.

다급한 마음으로 꽉 차 있던 당시에 이 말이 내 귀에 들리지 않았다. 오늘내일하고 있는 회사의 생명 연장을 위해 주사 한방^{긴급} _{수혈자금}을 원했는데 돌아오는 답은 당장 눈앞의 문제를 해결하기보다 자체적으로 할 수 있는 것을 찾아보라는 얘기에 맥이 빠졌다

물에 빠진 사람이 지푸라기라도 잡고 싶은 심정으로 찾아갔었다. 살기 위해 허우적거리다 구조하러 간 사람까지 같이 숨졌다는 사고 뉴스를 듣는다. 물에 빠진 사람을 구하려면 힘이 빠질 때까지 기다리던가, 아니면 멀리서 구명 튜브를 던져 스스로 나오게 해야 한다. 이런 사실을 꿰뚫고 스스로 일어날 수 있도록 자문해 주신 선배님의 말씀을 깨닫고 행동하기까지 시간이 걸렸다.

어려워 보이는 길이지만, 그것이 쉬운 길일 수 있다는 경영 고수의 가르침은 지금도 새기고 적용하고 있다. 한 분야에 오랫동안 종사한 사람, 대가로 불리는 사람의 첫인상은 엄숙함이다. 하는 분야가 달랐을지라도 평생 고집스럽게 지킨 원칙과 자존감, 지나온 삶에 대한 확신, 그 와중에 필연적으로 겪을 수밖에 없었던 고독 등이 한데 어울려 있다. 평범한 사람들이 함부로 범접할 수 없는 어떤 엄

숙함이 묻어난다. 이런 느낌은 한마디도 나누지 않았어도 살아온 시간을 대략적으로 유추해볼 수 있는 삶에 대한 경이로운 기운이다.

피터 드러커는 "아니오."라고 말해야 무언가를 제대로 해낼 수 있다고 믿었다. 단순 추종자들은 압박이 두려워 쉽게 "예"라고 말한다. 그들은 단지 다른 사람들의 기분을 좋게 하고 칭찬을 받기 위해 아무런 생각 없이 대답하는 것이다. 하지만 본질주의자 에센셜리스트-essentialist들은 그 칭찬에 뒤이어 자신의 마음속에서 후회가 밀려오는 점을 잘 알고 있다.

상대방을 듣기 좋게 칭찬해 주고 나서 양심에 찔리는 경우가 있다. 이건 아닌데 하면서도 해줘야 할 바른말을 하지 않는다. 기분 나쁘게 해서 득 될 게 없다는 생각으로 영혼 없이 말하는 것이다. 리더는 이런 말에 주의를 기울일 필요가 있다. 속마음을 잘 얘기하지 않는다는 인간의 속성을 간과하고, 곧이곧대로 듣고 착각하는 우를 범하기 쉽기 때문이다. 명심보감에 "도오악자 시오사道吾惡者 是吾師, 즉 나의 단점을 말해주는 사람이 나의 스승이다."라는 말이 있다.

나는 한가지 사안에 대해 여러 명에게 물어보고 자문을 의뢰한다. 물론, 스스로 물어보고 나름 해결책을 세웠지만 검증을 받아

시행착오를 줄이기 위한 목적이다. 묻고 답하는 과정에서 놓쳤던 부분을 찾게 되는 경우도 있고, 말하는 와중에 내용이 정리되어가는 느낌을 받을 때도 있다. 내부의 의견을 듣는 것은 당연하다. 외부의 의견을 듣는 것이 더 중요할 수 있다. 그 이유는 외부에서 보는 것이 내부에서 보는 것보다 폭넓게 볼 수도 있기 때문이다. 바둑에서 훈수 두는 사람이 판세를 더 잘 본다고 한다. 미처 생각하지 못한 해결의 실마리를 찾은 경우 환희로 느끼는 희열은 이만저만이 아니었다.

같은 사안에 대해 다른 계층의 의견을 물을 수 있는 멘토가 있다면 행운이다. 평소 좋은 인적 인프라가 있는 증거이기 때문이다. 영향력 있는 멘토의 말 한마디는 다각도로 생각하는 사고력을 키우게 만든다. 멘토는 방법을 제시할 뿐이다. 듣고 자기 생각과 융합하고 더 창의적인 방법을 창출해 내는 것은 본인의 역량에 달려 있다.

주변에 자문을 구하는 모습을 보고, 남의 말을 너무 잘 듣고 소신이 없는 나팔 귀 같다는 소리를 종종 듣는다. 중요한 의사 결정을 전적으로 주변의 말에 의존하여 결정하는 것은 문제다. 참고 사항이지 의사 결정력까지 다른 사람에게 맡기는 것과는 확실히 구별된다. 피드백을 받는 것은 좋지만, 최후 책임과 권한은 바로 자신에게 놓여져 있다. 나 스스로 갈고닦은 노력으로 찾아내고 최종 결정은 무조건 자신이 내린다.

자식이 훌륭한 사람으로 성장하길 바라지 않는 부모는 없다. 매사에 자식을 위해 대신 결정을 해주는 부모를 상상해 보자. 이는 아이의 인격 형성과 내적 성장을 방해하는 행위가 된다. 자식의 진정한 성장을 바라는 부모라면 스스로 결정을 내리는 "결정훈련"을 시켜야 한다. 다른 방법으로는 홀로 서는 강한 의지와 의사 결정력, 인격을 키울 수 없기 때문이다.

사람은 자신이 보고 싶고 듣고 싶은 것에 끌린다. 눈과 귀에 들어오지 않는 것은 관심이 없다는 증표이다. "내가 알고 있는 것이 다가 아니다."라는 겸손함에서 자신이 쌓은 성에 함몰되지 않고, 판단 오류를 줄이는 시도는 다른 분야의 사람과 교류하는 것이다. 새로운 사람을 만나는 것은 새로운 생각을 만나는 것이다. 우연히 함께한 짧은 만남이 무릎을 치게 하는 통찰로 이어지기도 한다. 인적 관계를 연결하는 시간에 투자하는 것은 복을 심는 하나의 노력이다.

04

실패에 대한
태도를 달리하라.

어려움이 한창일 때, 자주 듣던 말이 있었다. "이제 바닥이니 올라가는 일만 남았네요. 힘내세요, 화이팅 하세요!" 이런 얘기 들었을 때 위로가 되긴 했지만, 그리 도움은 되지 않았던 것 같다. 바닥이란 것이 도대체 어디까지 내려가야 진짜 바닥일까? 나아지지 않는 현실의 장벽에 긴 한숨만 나왔다. 바닥인가 싶으면 또 내려가고, 더 이상 내려갈 곳이 없다고 생각했는데 또다시 밑으로 떨어지고, 바닥을 찍어야 올라간다고 하는데…나는 아직 멀었나 생각과 고민이 깊어졌다.

"누구나 가지고 있는 생존의 욕구가 삶의 목적에 발동하는 시점, 이것이 바닥을 딛고 일어서는 지점이다." 이 사실을 깨닫는 데 참 오랜 시간이 걸렸다. 빈곤할 때, 이것저것 뭐라도 해보려고 뛰어

다닌 것은 결국 본질의 방향을 잘못짚어 허우적거림이나 발버둥에 지나지 않았던 것이다. 따끔한 주사 같은 말이 도움이 되었다. 지난 일을 돌이켜 보고 하지 말아야 할 것, 그리고 해야 할 것과 할 수 있는 것을 현실적으로 분별하라며 툭 던진 말이었다. "정신 차리고 형세를 알라!"며 가슴을 쿵 하고 때렸다. 차분히 생각하고 본질을 꿰뚫어 봐야 느낄 수가 있었다.

급한 마음으로 움직인 것은 오히려 인력과 시간, 돈을 허비시켰다. 안목과 지혜가 발휘되는 그때를 기다리지 못했다. 바닥을 치고 올라가는 것, 주변에서 하는 듣기 좋은 말에 그냥 열심히 살자고, 언젠가 좋아지겠지 하다가는 어디까지가 바닥인지 모르고 계속 내려가는 참담한 결과를 맛보게 될지 모른다. 내 안의 또 다른 나와 셀 수 없을 만큼 내면의 대화를 해야 했다. 그 과정에서 하기 편한 것은 필터링 되었고, 하기 싫은 것이 남게 되었다. 자신이 추구해온 본질의 실상을 깨닫고 성찰하는 시간이 필요했다. 하는 일 없이 먼 산 바라보기, 멍청히 걷기와 빈둥거림이 필요할 때가 있었다.

주변에서 이런 모습을 보고 이해가 가지 않는다, 진짜 어렵지 않은 것 같다, 믿는 구석이 있거나 챙겨놓은 많은 것 아니냐는 뒷담화가 있었다. 바닥을 치고, 딛고 올라가는 것은 내면의 또 다른 나와 승부를 내는 것에서 시작되는 것 같다. 안이함이냐 혹독함이냐⋯ 힘들면 누구나 기적을 바라지만, 고통이 없이 순식간에 좋은 날이 오는 것은 있을 수 없다. 남들이 보기에 보잘것없어 보이는 행동이 조금씩 쌓이면서 기적이 만들어지는 것이 아닐까 싶다.

성공은 인생 전반의 성공이다. 건강하고 활기가 넘치고, 주변에 언제나 친구가 있고, 삶에 대한 호기심이 가득한 사람, 항상 새로운 것을 배우기를 좋아하고 인생을 즐기는 사람이다. 여기서 말하는 성공은 어느 면으로 보나 "사는 게 참 제대로"인 사람을 두고 하는 말이다. "성공은 가치 있는 삶의 방향을 알고 그 목적으로 가는 수행 과정이다." 목표는 목적을 향해 가는 단계이다. 그 목적을 달성하기 위한 쓰이는 수단으로 누구는 장사를 통해서, 누구는 사업을 통해서, 또 누구는 직장을 통해 목표를 이루어 가는 것이다.

삶의 목적에 부합해 살다 보면, 도중에 누구나 실패를 겪는다. 실패를 겪지 않으려 하고, 실패를 통해 배우기를 싫어하는 것은 변하지 않는 인간의 본성이다. 하지만, 실패를 통해 삶이 다듬어지고 점차 정교한 실패를 함으로써 성공적인 삶으로 열매가 익어 가듯 연결된다. 어떤 목표를 달성한 것을 가지고 성공으로 오인하는 사람은 더 이상 희망이 없어진다. 희망을 가장한 욕심이 더해진다.

목표에만 매달려 세상을 풍요롭게 하는 가치 있는 인생의 목적을 잃어 버리고 만다. 반대로 목표 달성에 실패한 것을 가지고 인생의 실패자로 낙인찍고, 스스로 좌절하는 우를 범하기도 한다.

성공을 위해선 삶을 살아가면서 한 단계 한 단계 작은 것부터 이루며 성공의 의무를 가지고 가야 한다. 자신의 가치 있는 일을 설정해서 지속적으로 이루어 가는 것, 그것이 성공이다. 성공으로 가는 과정에서 만나는 실패는 자신을 단련시키고 정교한 성공의 도구가 된다. 차원이 다른 보다 정교한 실패가 만들어질수록 성공적인 인생으로 다가가고 있다고 봐야 한다. 결과는 당장 눈에 보이지 않는다. 실패에 대한 태도, 바닥에 대한 생각, 이를 반전시키는 행동은 작은 것에서 시작한다. 어찌 보면 작은 행동은 전혀 중요해 보이지 않는다. 오늘 하는 일이 중요하다. 매일 하는 일이 중요하다. 눈덩이처럼 불어나는 복리의 원리가 인생에 적용될 때까지 아무 효과도 없어 보이는 일들을 묵묵히 해내는 단순함의 축적이다.

자기계발, 꿈 찾기 등 동기부여 강좌를 듣다 보면 훌륭한 강의에 순간적으로 기분이 상승하는 체험을 한다. 꿈을 적고, 기한을 정하고 많은 사람 앞에서 발표도 한다. 공약을 하는 것이다. 포기하지 않고, 끝까지 열심히 노력하겠다고 선언을 한다. 마치 이룬 것 같은 기분을 들게 만든다. 필자도 잠시 생기가 도는 그런 체험을 했었다. 하지만, 그 약발은 일주일, 한 달을 넘기면서 흐지부지됐다. 또다시 비슷한 강의를 찾아 기웃거렸던 기억이다. 눈에 띄는 변화가 일어나지 않았다. 스스로 깨우치면서 삶의 목적과 목표를 구체적으로 정의하고 다듬어 가면서 늘 염두에 두고 있어야 한다. 이런 것을 망각하고 자신과 타협하며 쉬운 길을 택하면 성공은 고사하고 실패에 점점 다가간다는 사실을 명심해야 한다. 겪어야 할 과정을 무시한 꿈은 허상이나 다름없다.

자동차가 출고될 때 소음과 진동을 최소화하기 위해 바퀴는 정렬얼라인먼트되어 나온다. 운전 습관과 도로 사정, 공기압 등에 의해 일정 거리를 주행하다 보면 균형이 깨지면서 소음과 진동이 커지게 된다. 이때, 바퀴 정렬과 공기압을 다시 맞춘다. 우리 인생도 마찬가지다. 처음에 결심했던 부분이 시간이 지나면서 풀어지고 딴 길로 간다. 목적과 목표에 맞게 가고 있는지 초점을 맞추는 자가발전의 노력을 지속적으로 해야 한다.

해야 할 것에
집중하라.

차별화에 성공하는 컨셉은 경쟁자와 멀어지면서도 고객과는 가까이 다가가는 것이다. 반대로 차별화에 실패하는 컨셉은 경쟁자와 비슷해지거나, 멀어지면서 동시에 고객과 더 멀어지는 것이다. 장사하면서 다른 점포와의 경쟁이 두렵다고 사람이 별로 없는 후미진 곳에 점포를 낼 수는 없지 않을까? 책을 읽고, 강의 듣고, 세미나에 참가하고, 워크숍하고… 부지런히 다녔다. 하지만, 그리 변하지 않았다. 굳이 변화라 치면 공감을 얻지 못하는 혼자만의 만족으로 머문 외형 변화라 하겠다. 중요한 내면의 변화는 거의 일어나지 않았다.

왜 이런 일이 생길까? 나는 좋다고 확신하고 했던 일들이 신통치 않은 결과를 보는 것은 왜일까? 나 자신에 실망하기도 하고 따라와 주지 않는 직원을 원망하기도 했다. 그 시름이 깊어 의욕이 꺾였다. 그런 원인은 나에게 있었음을 발견했다. 지식을 집어넣고는 이게 맞다 하며 현장에 바로 적용하려 했던 것이 화근이었다. 적용할 현장의 상황을 깊게 생각하지 않았다. 어찌 보면 배려하지 않았다. 준비가 되어 있지 않는 사람에게 백날 얘기해 봤자 소용이 없다는 것을 알면서도 내가 하면 달라질 거라고 밀어붙이는 오류를 범했던 것이다.

　　사람은 뭔가를 깨달으면, 모든 초점을 그곳에 모아 시야를 좁게 보는 자기중심적 속성을 가지고 있다. 좋게 말하면 집중한다, 몰입한다고 하겠다. 또 다른 말로 집착한다고 할 수 있다. 나도 예외가 아니었다. 뭔가를 알고 나면 골치 아프고 엉켜있는 문제를 금세 풀 수 있는 비법을 만난 것처럼 기분 좋아했고 신나했다. 하지만, 그대로 적용한 것은 내 생각과 의도대로 들어맞지 않았고 조직의 반발도 컸다. 회사의 상황이나 조직의 수준 그리고 관습적으로 해왔던 것과 충돌을 일으켰던 것이다. 아무리 좋은 생각이나 발상도 함께하는 사람들과의 공감이 미약하고 각자 임무와 역할이 인식되지 않은 채 강요하는 것은 혼란만 가중시킨다. 마치 지형을 확실히 파악하지 않은 상태로 들에서 동물을 몰아가는 것과 같다는 생각이 들었다.

나는 자다가 성공했다

시도한 것이 많았지만, 신통치 않은 결과를 낸 것을 보면 근사한 목표를 세우는 데 집착했던 것 같다. 이것을 "왜 해야 하는지" 지금 우리 상황에서 하지 않아야 할 것은 무엇이고, 해야 하는 것은 무엇인지에 대한 파악이 덜 된 상태에서 실행에만 집착한 결과다. 실행에 앞서 먼저 해야 할 것이 있다. 지금도 할 수 있는데도 불구하고 하지 않고 있는 것이 무엇인지 알아내고 찾아내는 것이다. 이것을 놓치고 새로운 시도만을 하는 것은 안 하느니만 못할 수 있다. 시간과 돈을 낭비하는 원인으로 작용하고 혼란을 가중시키는 요인으로 작용한다. 어떤 때는 그냥 놔두고 기다려 주는 것이 더 좋은 결과를 얻을 수 있다는 생각이 들었다.

좋은 것을 줄 때도 "사장이 주고 싶은 것을", "사장이 정한 때"에 주려 했을 뿐, 정작 직원의 입장에서 "직원이 받고 싶은 것"을 "직원이 원하는 때"에 주지 않았다. 그리고 모든 인간관계가 그렇듯 사장과 직원도 엄연한 이해관계 속에 있다는 사실을 간과해서는 안 된다. 지식을 인풋 input 하고 주변 환경을 분석하고 거기에 내 생각을 넣어 지혜로 아웃풋 output 하는 프로세스가 습관적으로 작동되어야 한다. 나의 논리에 빠져 다른 것을 받아들이지 않는 우를 예방하기 위해 많이 보고, 읽고, 귀담아듣고 누군가에게 코치를 받으면서 교정을 해야 한다.

지난 과오를 깨우치는 배움을 지속하면서 서운한 감정이 사그러지고 보다 냉정한 시각과 현명한 판단이 가능해진다. "실적이 부진한 현장에서는 아무리 리더가 독려해도 사원들이 움직이지 않는다. 잘하고 싶지 않은 사람이 어디 있겠는가? 어디서 잘못됐는지 원인을 함께 찾아야 한다. 이때 리더에게 필요한 것은 우월적 지위를 이용한 카리스마가 아니라 누구나 자유롭게 말할 수 있는 풍토를 만드는 것이다. 건설적인 의견을 융합해 구조로 만들어 내는 역량이다."

인생은 여행이다. 목적지가 있는 여행은 마음에 평안함을 준다. 목적지가 있기에 궤도를 이탈해도 틀어졌던 방향을 돌릴 수 있기 때문이다. 인생의 목적은 무엇인가? 그 목적을 향하는 목표를 이루는 과정에서 만나는 변수나 이탈에 당황하지만, 목적지를 잃어 버리지 않는다면 바로 잡아 갈 수 있다. 속도보다 방향이 중요하다. 하지만, 본질을 꿰뚫지 못한 방향은 엉뚱한 곳을 향하게 되고 헤매게 만든다. 하고 싶은 것에 정신이 팔려, 정작 해야 할 것을 하지 않는 일이 너무나 많다. 결국, 해야 할 일을 제때 하지 못하는 것은 게으름도 한몫을 하지만, 기본적인 세팅이 잘못되어 있거나 반복적인 착각이 원인일 수 있다.

흔히 회사는 시스템이 돌아가야 한다고 말한다. 시스템이 잘 정착된 것처럼 보이는 회사를 부러워한다. 중소기업 대표라면 총수가 구속되어도 돌아가는 대기업이 신기해 보일 뿐이다. 대기업은 시스템이 일하기 때문이라 말한다. 반면에 중소기업 대표 부재는 곧바로 경영에 치명타를 날린다. 과연 시스템이 잘 되어 있어서 그럴까? 그보다 큰 이유가 있다. 오랜 기간 구축된 유통 채널을 통해 물건이나 서비스 구매 활동이 이어지기에 가능한 일이다. 판매가 살아 있지 않으면 망하는 것은 시간문제다. 불 보듯 뻔하지 않겠는가.

대기업은 오랜 기간 쌓인 또는 쌓아온 경영 노하우가 있다. 업무 방식과 기업 문화가 있다. 물리적인 시간이 걸리고 단기간에 생성되지 않는다. 중소기업이 무작정 따라 하다가 낭패 보기 십상이다. 대기업 시스템이 정착되기까지 무수한 인력이 거쳐 간다. 핵심은 변화무쌍한 환경 속에서 기업이 망하지 않고 생존해 왔다는 사실이다. 단시간에 답습하는 시스템은 무주공산이 되기 쉽다. 하지만, 시스템의 허점은 프레임에 갇혀 이러지도 저러지도 못한다. 답답한 업무 처리로 진도가 나가지 않는 경우가 빈번히 일어난다. 숫자는 시스템으로 나타나고, 업무는 창의적으로 해야 한다는 경영 방식을 세워가야 한다.

지금 상황을 돌파하기 위해서는 반드시 해야 할 일이 있다. 할 수 있는 일을 하지 않고 있거나, 하고 싶은 일에 매달리며 회복을 늦추는 안타까운 일이 현실로 닥친다. 냉정하게 하고 싶은 일에 대한 정의를 내려 보자. 대부분 쉽고 편하게 일하고 싶어 한다. 즐겁게 일하고 힘은 덜 들면서 돈 많이 벌기를 원한다. 세상에 이런 일이 과연 있을까? 고난과 역경으로 힘들수록, 우선 해야 할 것은 성공에 대한 정의를 만드는 것이다. 건강, 행복, 인간관계, 자기계발, 재정, 직업, 봉사, 세상에 미치는 영향 등의 목표를 세우고 다듬어 가면서 성공을 향한 자동항법장치가 작동할 수 있도록 자신을 세팅하고 부팅하는 인생의 조종사가 되는 것이다.

나는 자다가 성공했다

06

실력과 매력으로
승부하라.

       메모리폼 베개를 만들고 폼 매트리스, 타퍼, 이불 등으로 넓혀 가며 잠을 자는 데 필요한 기능성 수면전문기업으로 자리매김해 갔다. 사업을 하면서 수면 분야의 공부를 틈틈이 했다. 전문의를 만나고, 교수님을 찾아다녔고, 연구 기관과 공동연구에 흥미를 갖고 참여했다. 만드는 제품이 그냥 상품으로 끝나는 것이 아니라, 사람의 인생을 바꿔 놓을 수 있는 파트너가 되어야 한다는 사명으로 만들었다. 개발 배경과 사용자의 습관 및 고객의 혜택Benefit에 주안점을 두고 연구하고 만드는 데 주력했다. 이런 애착이 없었다면, 영혼 없는 상품으로 한때 잠깐 유행하고 사라지는 것에 불과했을 것이다.

       『잠 좀 잤으면 좋겠다』 책을 출판하면서 서울국제수면박람회, 백화점 문화센터, 기업체를 비롯한 여러 곳에서 수면 강의를 하게 되었고, 의학 잡지나 신문 등에서 이 책의 내용이 인용되었다. 의학 분야의 전공자도 공학 출신도 아닌데 어느새 수면전문가 소리를 듣게 되었다. 생활 습관, 환경과 지구의 환경 등을 연결하여 쉽게 풀어서 수면 강의를 하였는데, 호응이 매우 좋았다. 많은 사람 앞에서 강의할 수준이 된 것이 스스로 생각해도 신통하다. 호기심으로 개발한 메모리폼 베개가 인생을 바꿔 놓은 셈이다.

성공의 스펙으로 학력과 재력을 뽑는다. 어느 정도 이해는 간다. "개천에서 용 난다."는 말은 이제 옛날 이야기가 되어버린 것 같다. 부유한 집안 아이들이 공부를 잘한다. 조기 교육과 사교육으로 재정적 뒷받침을 못 하는 부모는 자식에게 원망을 듣는 현실이 됐다. 가난한 집안에서 요즘 말로 "흙수저" 물고 태어난 사람은 성공할 수 없는 것인가? 바꿔 말해서 작고 돈 없는 기업은 성공할 수 없는 것인가? 성공한 강소기업을 찾아보면 얼마든지 있다. 환경을 탓하는 습관에서 벗어나는 사고 훈련을 해야 한다. 성공의 스펙으로 실력과 매력을 만들어 보면 어떨까?

사업에는 돈이 필요하다, 그렇다고 돈이 없어서 사업을 못한다고 생각한다면 시작도 못 하는 패착을 불러온다. 돈이 없어도 사업할 수 있다는 신념이 있어야 한다. 그래야 기회가 보이기 때문이다. 비록 돈은 없지만, 할 수 있는 것이 무언지를 곰곰이 찾아내는 습관을 길러야 한다. 사업 실패 등으로 가정의 형편이 어려워지면서 다니던 학원을 모두 끊고 공부해 대학에 진학하거나 일찍 취업 전선에 뛰어든 얘기를 심심치 않게 듣는다. 이런 아이들은 대부분 일찍 철이 든다. 하지만, 이를 보는 부모는 속상하다. 자식에게 고생시키지 않겠다는 것이 대부분의 부모 마음이기 때문이다.

　　식당에서 있었던 일이다. 파인애플 들고 어려 보이는 청년이 들어왔다. 2개에 1만 원이라며 이 자리 저 자리 다니는데 팔아주는 손님이 없었다. 곧이어, 나에게 다가왔다. 파인애플을 권하는 친구, 잠시 멈칫하다가 나는 1만 원을 내밀었다. "2개를 썰어서 가져오면 그때 돈을 주세요." 가져온 두 봉지, 하나는 식당 사장님께 드리고 나머진 친구들과 먹었다. 그 후, 며칠이 지나고 군대 간 아들이 휴가를 나왔다. 동네 고깃집을 갔다. 군대에서 아들은 미래에 대한 고민과 생각을 많이 하고 나온 것 같았다. 시간이 많으니까 그런 건지 입대 전과는 다른 말을 했다. 등록금 걱정에 꼭 대학을 졸업해야 되느냐? 아빠의 관념이라며 어쩌고저쩌고… 그 사이에 며칠 전 봤던 파인애플 청년이 나타나는 것 아닌가. 깜짝 놀랐다. 이 청년은 근처의 식당을 다니며 파인애플을 팔고 있던 것이었다. 나를 보고는 미소

띤 목례를 하고는 다른 테이블을 돌고서는 식당 문을 나갔다.

식당 사장님께선 "저 친구 나이가 19살이래요. 저도 저 또래의 아들이 있는데 형편이 어려울 때 제 자식이 저렇게 할 수 있을까요?"라며 참 열심히 사는 청년이라고 말씀하신다. 옆에 있던 아들이 "저 친구 대단하다."를 연발했다. 다음에 만나면 손을 꼭 잡아주고 안아주고 싶다. "내 자식이라면 저렇게 할 수 있을까?" 날씨가 점점 추워지는 저녁이었는데 그 청년의 미소는 훈훈한 분위기를 만들어 주었다.

"너는 공부만 해." 나머지는 엄마 아빠가 다 해줄 테니 걱정하지 말라고 한다. 이런 자식 교육이 잘하는 것인가? 스스로 결정하고 시행착오를 겪으면서 자생력이 키워지지 않은 채 사회로 나온다. 시키는 일만 하고 찾아서 일하는 사람을 찾아보기 힘들어졌다. 창업 초창기 때 판촉물 영업부터 시작했다. 엘리베이터 타고 올라가 계단을 내려오면서 전단지 돌리는 빌딩타기를 했다. 처음에는 얼마나 쑥스러웠고 낯 뜨거웠는지 모른다. 혹시나 아는 사람 만나면 어떻게 하나 걱정이 태산 같았다. 하지만 곧 그런 생각을 버렸다. 돈은 없었지만 패기와 성실이 무기였다.

일본 개척 영업 당시의 일화가 있다. 메모리폼 베개 들고 상담하면서 매번 듣는 질문이 있다. "황 상, 전공이 공학입니까?" 원료부터 제조 공정까지 꼼꼼하게 설명하는 모습을 보고 마치 화학이나 고분자 공학 전공한 실력 있는 사람처럼 보였던 모양이다. 제품을 만들면서 상세한 부분을 알지 못하면 상대방에게 신뢰를 줄 수 없기 때문에 배움에 열중한 덕분이다.

상담하다 보면, 이건 이렇게 바꿔 줄 수 있냐는 등 바이어의 요구가 많다. 이런 과정을 거치면서 제품 개선이 이뤄지고 고객의 만족도가 올라간다. 보통은 상담 내용을 회사로 돌아가 확인해서 피드백해 주겠다고 하고 상담을 마친다. 이러면 경쟁력이 떨어지고 상대방에게 매력을 주지 못한다. 될 수 있는 한 그 자리에서 답을 주려고 노력했다. 한국 시각으로는 밤이지만 거래처에 전화해서 확인하며 가급적 그 자리에서 대답하는 데 최선을 다했다. 이런 점을 바이어는 높이 평가했다. 보통은 몇 날, 며칠이 걸려서 회신이 오거나 독촉해서 받았을 텐데, 신속한 피드백에 매우 만족했다. 이 또한 스펙이다.

"학력과 재력이 성공의 스펙이 아니라, 실력과 매력이 성공의 스펙이다."라는 자신감을 가져야 한다. 돈 없는 사람도 얼마든지 사업할 수 있고, 성공의 길을 열어갈 수 있다. 핵심은 바로 자신이 만들어 내는 실력과 매력이다. 여기에 돈을 들이지 않고도 키울 수 있는 담력과 체력을 덧붙여 보자. 스펙 좋은 사람은 얼마든지 있다. 남들이 가지지 못한 실력과 매력 그리고 담력과 체력으로 승부하자.

07

한 방의 정답보다,
여러 해답을 찾아라.

     회사가 어려움을 겪게 되니까, 한 방에 이 상황을 반전시킬 수 있는 꼼수만 떠올랐다. 어디서 돈을 조달해 올까, 투자받을 수 있을까, 쉽지 않고 오랜 시간이 걸린다는 것을 알면서도. 솔직히 기울어진 회사에 누가 선뜻 투자에 나서겠는가? 지푸라기라도 잡는 심정으로 이곳저곳 서성이며 헛일하며 다녔다. 기막힌 아이템이라고 속단하고는 거기에 신경쓰느라, 본업을 등한시했다. 심지어 없는 돈도 여기저기서 끌어와서 개발하고 생산하는 데 사용했다. 본업을 살릴 생각을 안 하고 말이다. 돌아보니 어처구니가 없는 행동이었다. 그 당시에는 당연한 것으로 착각하고 몰입했으니 분별력이 작동하지 않는 환자였다.

     하나의 아이템이 시장에서 팔리기까지는 상당한 시간이 걸린다. 개발하고 생산하고 영업하고 마케팅까지 단계 단계를 거치는 물리적 시간이 필요하다. 입소문을 타고 구매로 연결된다는 것이 어찌 쉬운 일인가? 안 되는 경우가 허다하다는 사실을 까맣게 잊고 있던 것이다. 이론적인 무장을 해도 문제 앞에서 빠져나갈 궁리만 하지 근본적이고 고통스러운 처방을 회피하려는 것이 사람의 속성이다.

인생 한 방이란 환상에서 깨어나야 한다. 위기에 처한 회사를 한 방에 정상화하려는 의도가 있다면 이것도 환상이다. 운 좋게 그런 기회를 만나 극적으로 위기를 넘길 수 있다. 하지만, 곧 다시 위기를 만나면 일어나지 못할 수 있다. 외부의 자금 수혈로 버틴 회사는 자생력이 없다. 그런 회사는 중환자실에서 산소호흡기로 연명하는 환자와 같다. 호흡기를 떼면 죽는다.

취업이 힘들어지면서 창업이 대안으로 떠올라 각종 창업 학교, 창업 세미나, 창업 워크숍 등을 심심치 않게 본다. 특히, 청년들에게 창업하라고 등 떠밀고 있는 건 아닌지 혼란스럽기까지 하다. 정부 지원, 국책과제, 보증기금 등 창업 지원제도 활용에 대한 컨설팅이 주로 이루어지고 있는데, 자칫 지원받은 돈으로 창업했다가 돈 다 날린 신용불량자를 양성하고 있는 것은 아닌지 우려된다.

모든 문제에는 해결책이 있다! 정답만을 찾다 보니 방법을 찾을 수가 없었다. 그래서 생각을 바꾼 것이 "문제에는 해답이 있다."라는 생각의 전환이었다. 같은 수학 문제라도 답은 하나였지만, 풀어 가는 방식이 한 가지만은 아니었다. 해법을 찾아보자! 산적한 문제를 하나씩 하나씩 풀어 가는 동안 획기적인 한 방은 없었다. 때로는 지루하고 느린 방법을 찾아 해결해 나간 것이 신의 한 수였다.

유튜브로 세상을 바꾼 스티브 첸은 자기가 가장 잘할 수 있는 것이 "문제를 찾고 해결하는 것"이라고 했다. "세상에 없는 새로운 것을 만든다."는 거창한 것도 아니고, "실제 삶에 있어서 불편하고 힘든 문제를 해결하는 것"이라고 말했다. 이거야말로 비즈니스의 본질 아닌가 싶다.

부자는 왜 복권에 당첨되지 않을까? 한 방의 인생 대박을 꿈꾸는 사람들만 복권을 사기 때문이다. 부자들은 복권을 사지 않는다. 그러니 당첨될 리가 없다. 이미, 부자여서 복권 살 이유가 없기도 하겠지만, 부자가 된 것이 오랜 기간 땀을 흘리며 고통 속에서도 묵묵히 자신의 길을 걸어온 결과임을 알기 때문일 것이다. 허상을 바라지 않기 때문일 것이다.

출구는 있다. 생각을 바꾸는 것이다. 깊은 내면에서 나오는 발상과 시도를 막는 장벽을 허무는 것이다. 생각을 바꾸고 출구를 찾으면 해답이 나올 수 있지 않을까? 우리는 빠른 변화의 속도를 실감하며 하루하루를 보내고 있다. 선순환의 변화가 아니라, 악순환의 고통을 느끼고 있는 게 사실이다. 역풍을 순풍으로 바꾸며 이 고리를 끊어보자.

이어령 교수의 〈우물에 빠진 당나귀처럼〉

나귀가 빈 우물에 빠졌다. 농부는 슬프게 울부짖는 당나귀를 구할 도리가 없었다. 마침 당나귀도 늙었고 쓸모없는 우물도 파묻으려고 했던 터라 농부는 당나귀를 단념하고 동네 사람들에게 도움을 청하기로 했다. 동네 사람들은 우물을 파묻기 위해 제각기 삽을 가져와서는 흙을 파 우물을 메워갔다.

당나귀는 더욱더 울부짖었다. 그러나 조금 지나자 웬일인지 당나귀가 잠잠해졌다. 동네 사람들이 궁금해 우물 속을 들여다보니 놀라운 광경이 벌어지고 있었다. 당나귀는 위에서 떨어지는 흙더미를 털고 털어 바닥에 떨어뜨렸다. 그래서 발밑에 흙이 쌓이게 되고, 당나귀는 그 흙더미를 타고 점점 높이 올라오고 있었다. 그렇게 해서 당나귀는 자기를 묻으려는 흙을 이용해 무사히 그 우물에서 빠져 나올 수 있었다.

정말 그렇다. 사람들이 자신을 매장하기 위해 던진 비방과 모함과 굴욕의 흙이 오히려 자신을 살린다. 남이 진흙을 던질 때 그것을 털어 버려 자신이 더 성장하고 높아질 수 있는 영혼의 발판으로 만든다. 그래서 어느 날 그 곤경의 우물에서 벗어나 자유롭게 살아갈 수 있는 날을 맞게 된다. 뒤집어 생각할 줄 알아야 한다. 모든 삶에는 거꾸로 된 거울 뒤 같은 세상이 있다. 불행이 행이 되고, 행이 불행이 되는 새옹지마塞翁之馬의 변화가 있다. 우물 속 같이 절망의 극한 속에도 불행을 이용하여 행운으로 바꾸는 놀라운 역전의 기회가 있다. 우물에 빠진 당나귀처럼 남들이 나를 해칠지라도 두려워 말 일이다.

이 우화는 나를 음해하는 진흙이 나를 구해 주는 기적의 사다리가 된다는 것, 영혼이 높아지는 디딤돌이 된다는 것을 가르쳐 준다. 당나귀를 죽이려던 생각이 당나귀를 살리는 아이디어가 된 것이다. 우리가 처한 상황에서 농부와 당나귀가 말해주는 지혜는 무엇인가? 모든 매듭을 풀어가는 해답은 바로 내 안의 생각에 달려 있지 않을까?

08

거절의 이유를
찾아내라.

　　　　　　몇 달을 열심히 준비한 프레젠테이션에서 떨어져 본 사람은 안다. 낙심과 그간 고생한 노력이 물거품이 된 것은 아닌가, 능력이 없는 것 아닌가 이런 기분이 든다. 더욱이 사활이 걸린 건이라면 더욱 크게 실망감이 몰려온다. 메모리폼 베개를 어렵사리 만들었던 초창기 때 영업은 가는 곳마다 거절을 당했다. 백화점, 홈쇼핑, 할인점 등 바이어의 답변은 못 판다는 얘기였다. 누가 고가의 베개를 사겠는가? 상사에게 결재받을 자신이 없고 취급할 수 없다는 거절 일색이었다.

　　　　　　상품의 우수성을 아는 필자로서는 답답하기 그지없는 노릇이었다. 알아주는 사람이 없었으니까, 만들어 놓고 팔지 못하는 상황을 어떻게 버틸지 막막했다. 알아주지 않는 국내 시장을 벗어나

나는 자다가 성공했다

메모리폼의 우수성을 알아주는 곳을 찾아다녔다. 그렇게 해서 찾아 나선 곳이 일본 시장이었다. 영업을 하다 보면 당연하게 접하게 되는 것은 거절이다. 상대방으로부터 "싫다."는 대답을 듣는 경우가 훨씬 많다. 이때, 그 이유를 명확히 짚고 넘어가는 것은 성과를 내기 위한 좋은 습관이 된다. 거절에는 여러 이유가 있다. 내가 아무리 잘 설명하고 준비를 했어도 상대방이 들어 줄 마음의 여유와 이유가 없는 경우에는 허탈 치기 쉽다. 준비에 최선을 다하고 만전을 기하는 것은 기본이지만, 거절을 소화시킬 수 있는 마음 밭을 가꿔야 한다.

상대방이 원하지 않는데도 불구하고 자신감에 차서 밀어붙인 계약은 불안하다. 다음 날 반품과 같은 계약 해지가 이어지기 때문이다. 영업자와 고객이 서로 만족하는 판매와 계약이 이루어져야 후회가 없다. 거절의 이유를 아는 것은 새로운 기회를 주기 때문에 매우 중요하다. 백화점 입점 프레젠테이션을 위해 몇 달 열심히 준비해 발표했는데 결과가 좋지 않았을 때, 책임을 다하지 못한 실망감이 이만저만이 아니다. 그렇게 된 경우 결정한 회사를 찾아가 왜 입점에 떨어졌는지 이유를 꼭 물어봤다.

해외 영업을 하면서도 마찬가지였다. 상담은 잘한 것 같은데, 결과는 엉뚱하게 난 경우가 많았다. 개중에 어느 바이어는 떨어진 이유를 상세하게 설명해 준다. 상품이나 프레젠테이션은 문제가 없었는데 회사 내부의 사정으로 취급을 못 하게 됐다며 죄송하다고 피드백해 준다. 거절의 이유를 알면 우리가 부족한 것이 무엇이었고, 상대가 원하는 것과 어떤 차이가 있었는지 궁금함이 풀린다. 그 이유를 알아야 이후 전략을 짤 때 유리하고 상담 성공률을 높일 수 있다.

영업을 자신감을 갖고 하는 것은 당연하다. 여러 기법을 동원하여 고객으로부터 계약을 이끌어 내려고 노력한다. 그러나 번번이 만나는 거절로 낙심하고 좌절한다. 하지만, 거절은 고객의 고유한 권한이다. 거절당하지 않고 판매할 수 있다는 지나친 과신은 고객에게 부담을 준다. 자칫 고객을 영영 떠나 떠나보내게 만들지도 모른다. 고객의 성향을 파악하고 접근해야지 "열 번 찍어 안 넘어가는 나무 없다."는 식으로 밀어붙이는 영업은 길게 보면 좋은 결과를 내지 못한다.

반대로 생각해 보자. 나도 거절하는 사람이 아닌가? 어떻게 연락처를 알았는지 하루에도 몇 번씩 걸려오는 스팸 전화로 짜증이 나기도 한다. 어느 때부터 그분들도 영업하는 사람이라는 것을 알고 나서는 정중한 거절을 하게 됐다. 회사에는 수많은 제안서가 들어온다. 내가 제출한 서류를 신중하게 검토해 줄 것이란 생각은 애당초 하지 않는 게 좋다. 그럴 시간적 여유가 없는 게 현실이다. 진행해 온 것 처리하기도 바쁘기 때문이다. 단시간에 상대방의 관심을 이끌어 내는 것은 기적에 가깝다. 첫 만남에서 호감을 받았다는 것은 상대방이 내가 제안한 것을 평소 생각하고 찾아온 것이다. 관심 분야의 숙제를 풀어줄 내용이라면 채택될 가능성은 매우 높아진다. 나를 알아줄 곳을 만날 때까지 거절의 이유를 알아내고 꾸준한 시도를 계속해야 한다.

거절은 나의 좌절을 거절하는 것이다. 필자의 책이 세상에 나오기까지 수많은 거절의 메일을 받았다. 초고를 완성하고 출판기획서를 만들어 150여 곳의 출판사에 투고했다. 그 후, 귀한 원고를 투고해 주셔서 감사하고 출판을 검토하겠다는 메일이 속속 도착했다. 기분이 좋았다. 그러나 일주일이 지나면서 출판사의 특성과 맞지 않아 반려한다는 메일이 연달아 오기 시작했다. 유명 작가라면 모르지만, 책 판매가 어떻게 될지 모르는 상황에서 선뜻 출판을 결정하기는 쉽지 않다. 연이은 거절 메일로 심적 부담이 되었던 것은 사실이다. 쓴 글을 다시금 보면서 놓쳤던 부분과 불필요한 부분을 점검하는 시간이 되었다. 점차 원고의 내용이 좋아지는 것을 느꼈다. 거절로 생기는 좌절을 거절하는 생산적인 시간으로 삼았다.

거절에는 이유가 있다. 내 탓도 있지만, 상대방의 사정 또는 모르기 때문에 알아보지 못하는 경우가 있다. 거절에 대한 실망은 짧게 하고, 거절 극복 스킬을 키워 보자. 상대방이 매력을 느낄 수 있도록 사고하며 완성도를 높이자. 나를 인정해 줄 곳을 찾고 만날 때까지 시도하며 포기하지 말자, 길게 보고 기회의 때를 잡아가는 과정을 묵묵히 지속하면 좋겠다.

09

도전도
Step by Step이다.

1984년 〈J에게〉로 가요계에 혜성처럼 등장한 가수 이선희 씨. 거리의 레코드 가게는 하루종일 〈J에게〉를 틀었다. 한동안 이 노래를 흥얼거리며 다녔던 기억이 난다. 30여 년 가수의 길을 걸었던 동년배라서 그런지 더욱 친근감이 간다. 30주년 기념 앨범에 있는 이선희 씨의 자작곡 〈나는 간다〉의 가사가 감동으로 다가왔다.

저 넓은 사막을 나는 간다.
그토록 바라던 오아시스를 만나서.
물 한 모금에 목마름 채우지만
가지 않으면 벗어날 수 없는 사막 또 걷는다.

눈앞에 언덕을 넘으면
또 다른 언덕이 보이고
그 모래 헤치고 가도 다시 놓여진 모래언덕
어제와 다른 길 어제 같이 있다.

저 넓은 사막을 나는 간다.

오랜 음악 인생을 걸어온 이선희 씨에게 음악은 힘겨운 사막의 오아시스다. 만나서 잠시 머물고 다시 걸어가는, 음악에 대한 샘솟는 열정과 도전 정신이 가사에 고스란히 담겨 있었다. 직장 생활 10년, 사업 인생 26년 동안, 하고 싶은 것을 좋아하며 포기하지 않고 걸어온 길과 중첩되면서 심장에 쿵 하고 울림이 전해졌다. 이제 다 된 것 같은데, 또 다른 상황이 나타나고, 해결하고 나면 또 사건이 생기고, 삶의 목적과 동행하는 목표로 가는 길에 종착점은 없었다.

넘어가 보면, 늘 전개되는 저 넓은 사막이 있었다. 힘겹게 걸어온 길, 다시 묵묵히 걷겠다는 각오를 다지게 해준 가수 이선희 씨의 〈나는 간다〉. 파워풀한 보컬과 힘찬 록 사운드가 잘 어우러진 멋진 노래였다. 누구나 영화 같은 인생을 꿈꾼다. 좋은 영화를 통해 우리는 역경 속의 인간 승리, 성공 신화, 이상과 현실의 괴리에 따른 인간의 고뇌, 러브스토리 등을 압축해서 길어야 두 시간 안에 볼 수 있다.

만약, 내가 겪었던 일들을 한편의 다큐멘터리로 만든다면, 드라마틱하게 보여줄 수는 있다. 멋진 배우가 주연을 맡아 한 장면에 30초씩 배정하여 대형 화면에 배경 음악이 깔리고 반전에 반전을 주면서 기적 같은 일이 일어난다. 눈물과 환호, 박수가 터지면서 감동을 줄 수 있다. 그러나 실제는 전혀 다르다. 직장 생활 10년, 사업 인생 26년을 단 두 시간 만에 다 표현할 수 있을까? 절대 그럴 수 없다. 긴 인고의 세월을 함축해서 두 시간짜리 영화라는 문화 컨텐츠가 만들어지는 것이다. 실제 주인공이 겪었던 긴 고난의 과정을 전부 표현하자면 지루해서 보지 못할 것이다. 흥행은 고사하고 쫄딱 망할 것이다. 답답하고, 지루하다는 비판이 쏟아질 것이 뻔하다.

영화의 멋진 엔딩 장면을 보고 감동을 받는다. 실제 인생에서 단계 단계를 거치면서 겪었던 수많은 고난과 도전의 스토리를 길어야 1~2분 내로 표현하고 다음 장면으로 넘어간다. 그렇게 빠르게 극적으로 진행하지 않으면 지루해서 흥행에 실패하기 때문이다. 우리 인생은 영화가 아니다. 현실이다. 결과가 두 시간 안에 나오는 것이 아니다. 지금부터 2년이 될 수도, 아니면 10년 후 또는 20년 아니 그 이상이 될 수도 있다. 실제 주인공이 살아온 시간이 위력을 발휘해 영화로 만들어지기까지 엄청난 시간이 걸렸다는 사실을 놓쳐서는 안 되겠다.

달리던 자전거가 멈추는 순간 넘어지듯 기업도 성장을 멈추면 퇴보하게 된다. 놀라운 속도로 성장하는 회사를 부러워한다. 그래서 성장의 페달을 더욱 빠르게 밟도록 다그치고 몰아간다. 당연히 성장은 해야 한다. 하지만, 급성장은 매우 위험한 경계의 대상이다. 메모리폼 베개가 공전의 히트를 치고 회사는 성장의 가속도가 붙었다. 상품과 매출처를 다양화하면서 직원 선발과 조직 구축에 여념이 없었다. 급조된 조직은 모래 위에 성을 쌓는 것과 다름없다는 것을 그때는 생각지도 못했다. 지난 일처럼 모든 게 잘될 줄 알았다.

회사와 직원의 역량이 채 갖춰지기도 전에 성장의 드라이브를 거는 것은 아주 위험한 전략이다. 대표 혼자서 꿈꾸며 진두지휘하는 격이었다. 유럽 국가들이 100년 이상 걸려 이룬 성장을 우리나라는 20~30년 압축 성장해 왔다. 한편에서는 기적이라고 표현하지만, 급성장으로 인하여 자본주의의 병폐를 보완할 틈도 없이 물질만능주의와 양극화 심화로 부작용이 나타났다. 쏨쏨이에 인색한 부자를 낳았고, 사회에 복을 심어 확대 재생산하는 나눔의 성숙한 정서적 프로세스를 만들지 못했다. 돈이면 다 된다는, 돈이 권력으로 탈바꿈해 버렸다.

구성원의 역량이 부족한데도 불구하고 돈으로 밀어붙인 확장은 철저히 실패했다. 돈의 자만심이 불러온 예고된 시련이었다. 아이가 태어나 유치원, 초등학교, 중학교, 고등학교, 대학교, 사회 진출, 결혼, 출산으로 성장해 가듯 사업도 마찬가지다. 한 방으로 만회하고 싶은 심정은 누구나 갖고 있다. 그 결정적 한 방의 진실은 따로 있다. 보통 농사는 밭을 가는 기경, 그리고 씨 뿌리는 파종, 수확으로 이어지는 것을 알고 있다. 하지만, 그 안에서 관리하고 가꾸는 재배 과정이 빠지면 수확이 없거나 결실이 형편없을 것이다.

고통을 수반하는 오랜 과정을 무시한 채 씨 뿌리고 바로 수확하는 단계로 넘어갈 수 있다고 유혹하는 문화 속에 살고 있다. 과정을 생략하는 비약적인 도약은 없다. 잘못된 믿음이다. 휘트니스 클럽 1년 회원으로 등록하고는 몇 번 나가지도 않으면서 날씬한 몸매를 원하는 것과 마찬가지다. 미국에서 가장 일하기 좋은 기업 사우스웨스트 항공의 경영진은 빠른 성장이 가져오는 크고 작은 문제에 주목했다. 그리고 이를 "어쩔 수 없는 성장통"으로 치부하지 않고 성장률을 14%로 제한하기로 결정했다. 왜 그랬을까? 14%를 자신들의 조직 문화를 지속적으로 유지할 수 있는 한계로 보았기 때문이다.

　　도전도 Step by Step 단계를 거쳐야 한다. 이 단계를 건너뛰며 주목받고 급성장한 기업이 좌초된 사례가 얼마나 많았던가? 대표 스스로 배우고 직원을 훈련하고 적합한 직원을 채용하면서 점진적으로 성장해야 한다. 눈에 보이는 것만 보고, 순간을 위한 선택을 해서는 안 된다. 또다시 실패할 수 있기 때문이다. 파도를 일으키는 눈에 보이지 않는 바람을 느낄 수 있도록 경계를 멈추지 말아야 한다.

10

물러나는 것도
용기다.

　　승리를 위한 전략을 신중하게 선택하지만, 그
전략에는 손해를 받아들이고 그만두는 것도 넣어야 한다. 포기하면
안 된다는 고집스러움이 생명을 잃게 할 수도 있기 때문이다. 어린
시절 "나비처럼 날아 벌처럼 쏜다."는 무하마드 알리의 인기가 대
단했다. 우리나라도 방문해 많은 에피소드를 남겼던 기억이 난다.
1971년 기량의 절정기에 있던 두 권투선수 무하마드 알리와 조 프
레이저는 세계 헤비급 챔피언십에서 맞붙었다. 격렬한 시합이었고
역사상 가장 흥미진진한 게임 가운데 하나였다. 15라운드에서 프레
이저가 알리를 거의 KO 시키면서 판정승으로 이겼다.

　　그러나 이 시합에서 두 선수 모두 끔찍한 고통을 겪었다. 둘
다 강력한 펀치를 수없이 날렸던 것이다. 경기직후 알리는 엑스레

이 촬영을 위해 병원으로 후송됐고 프레이저는 몇 달간 병원 신세를 져야 했다. 복수를 원했던 알리는 1974년 재시합을 기회를 얻었다. 시합은 격렬하게 15라운드까지 갔고 이번에는 알리가 판정승으로 이겼다. 둘 중 어느 쪽도 결과에 만족하지 못했다. 확실한 결과를 원했던 그들은 1975년 그 유명한 '드릴라 인 마닐라Thrilla in Manila' 시합에서 만났다. 결국 14라운드에서 알리가 승리했지만 이후 두 선수는 결코 예전 모습으로 돌아가지 못했다.

세 번의 시합이 너무 많은 것을 앗아갔다. 인기와 기량을 관리하며 오래 할 수 있었던 그들의 선수 생활을 단축시켜 버린 것이다. 자존심과 분노가 그들의 판단력을 흐리게 했다. 그런 덫에 빠지지 말아야 한다. 멈춰야 할 때가 언제인지 알아야 한다. 절망이나 자존심 때문에 싸움을 계속하는 일은 없어야 한다. 너무 많은 것을 대가로 치러야 하기 때문이다. 이런 상황이 비즈니스 세계에서도 많이 일어난다. 제품이나 서비스 본연의 경쟁이 자존심 싸움으로 번져 점차 상대방을 깎아내리며 과당 경쟁하여 광고비를 쏟아 붓는다. 결과는 둘 다 망하거나 아니면 둘 중 하나가 없어지거나 살아남았어도 후유증이 오래간다. 귀중한 시간과 자원을 너무 낭비한 결과다.

아무리 좋은 것이라도 적자가 누적되고 있는데도 불구하고 계속해서 붙잡고 있는 것이 있는지, 지금까지 집어넣은 돈이 아까워 버리지 못하고 있는 것은 아닌지 냉철히 고려해 봐야 한다. 적자 매장이나, 유통 채널을 심층 분석해서 회복 가능성이 작다고 판단되는 곳은 과감히 없앴다. 다른 곳에서 벌어 온 돈으로 적자를 메꾸는 방식은 오래가지 못한다. 지금 잘되는 곳이 어느새 어려워질지 아무도 장담할 수 없기 때문이다. 도전이 무모한 도전이 되어서는 안 된다. 잘못되어도 감당할 수 있는 도전이 되어야 한다. 잘못하면 도전이 도박이 되고 쪽박을 찰 수 있기 때문이다.

메모리폼 베개가 홈쇼핑을 타고 알려지기 시작하면서 유사 상품이 봇물 터지듯이 출현했다. 이때, 후발주자들이 가장 많이 쓰는 정책은 가격 할인이다. 한계 원가를 넘어선 열악한 품질의 상품들이 시장을 교란시킨다. 실망한 소비자가 구매를 꺼리는 일로 번지며 제 살 깎아 먹으며 깜깜한 동굴 속 같은 경쟁으로 빠져든다. 가격 경쟁이 붙으면 정말 피가 마른다. 과당 경쟁을 하는 사이 남기기는커녕 적자를 보고 파는 일이 생기기 때문이다. 기준선을 넘으면서 "너 죽고 나 죽자" 식의 감정싸움으로 번지기도 한다. 이런 전쟁 같은 경쟁에서 비록 살아남았다고 해서 승리했다고 볼 수 없다. 왜냐하면 지나친 경쟁으로 재원을 모두 썼기 때문이다. 이긴 회사도 손실이 어마하게 커서 큰 위기가 다가온다.

관둘 때를 알고 물러날 수 있는 용기, 진정 중요한 것을 지키기 위해 과감히 포기할 줄도 알아야 한다. 끝까지 붙들려고 발버둥을 치다가 그나마 남아 있는 불씨까지 꺼뜨리는 우를 범하지 말아야 한다. 단기 승부에 사활을 걸 필요가 없다. 길게 보고 지금 해야할 일에 충실하면서 놓치고 있는 것을 찾아내는 것이 우선이다. 전쟁에 불패전략不敗戰略이 있다. 이기지는 못하더라도 패하지 않는 전략이다. 치열한 전쟁을 통해 상대국을 이긴 국가는 오래가지 못했다. 그 이유는 전쟁을 승리로 이끌기 위해 너무나 많은 인적 희생과물자를 쏟아부은 여파가 몰려오기 때문이다. 막상 전생에서 이겼더라도 승리한 나라는 민심을 잃었고 나라가 피폐해졌기 때문이다.

이를 지켜본 옆나라가 적이 힘을 잃은 것을 알아차리고, 순식간에 쳐들어와 땅을 정복하면서 승리자가 뒤바뀌는 역사는 얼마든지 볼 수 있다. 다음의 기회를 엿볼 수 있도록 물러날 때를 인지하고 받아들이는 것이 용기이며 삶의 전략이다. 포기는 나쁜 것이라고 교육받아 왔다. 하지만, 더 좋은 것을 위해 포기할 줄도 알아야 한다. 그래서 늘 깨어 있으으라라 한 것이다. 앞날은 모른다. 미래는 변하기 때문이다. 매몰비용 즉, 지금까지 투자된 것을 감수하고 과감히 빠져나와야 한다. 적절한 출구 타이밍을 잡는 것은 삶과 사업의 능력이고 지혜로운 행동이다.

나는 자다가 성공했다

11

사장이 뛰어야
직원이 걷는다.

"사장님! 회사가 잘 돌아가니까, 자리만 지켜도 되지 않나요?" 가끔 이런 질문을 받을 때면 "그럴까요?"하고 그냥 웃는다. 직원을 믿고 맡겼다가 낭패를 본 적이 있다. 어느 때는 앞만 보고 달리다 넘어져 봤다. 그 후 잠시 멈추고 지난 길을 되돌아보는 습관이 생겼다. 사장이란 직업은 고독한 시간을 만들고 보낼 줄 알아야 한다.

사장이란 자리에서 개발 · 생산 · 영업 · 인사 · 경영 · 마케팅 강의, 집필 등으로 올라운드 선수가 되어야 했다. 중소기업 사장이라면 늘 이런 생활이다. 20여 년 해온 일이지만 때로는 지치고 회의감이 엄습해 온다. 뭔 부귀영화를 누리겠다고 이런 고생을 하나 싶을 때가 있다.

사장이 뛰어야 직원이 걷는다. 『왜 유독 그 가게만 잘될까』, 저자 현성은의 책이다. 사람이 편한 것을 좋아하는 건 당연하다. 본성이 그렇다. 사업 초창기 때 어렵게 영업해서 오더 따오면 생산에서 아우성을 쳤다. 이걸 언제 다 하냐? 누가 다 하냐? 일정 못 맞춘다. 안 된다. 생산부 책임자가 나자빠지는 바람에 출고 일정을 맞추기 위해 싸우는 게 일상이 되었다.

2000년 6월 베개 5,000개를 출고할 때, 작은 공장에서 엄청나게 생산했다며 대견해 했다. 그러다가 수출 6만 개_{일본, 미국, 홍콩, 유럽} 등 홈쇼핑 3만 개, 백화점 1만 개 등 월 10만 개를 생산하여 출고하는 케파를 갖게 되었다. 베개가 90%, 나머지 매트리스, 타퍼, 케어 등으로 이루어졌다. 바이어는 탄력적으로 생산·출고하는 능력을 갖춘 회사를 믿고 오더량을 늘렸다.

생산 현장에서 일하는 직원은 몸을 써서 하는 일이 많기에 힘이 든다. 때로 영업이나 생산의 실수로 인한 급발주는 흐름이 틀어져 불만이 평배해 진다. 생산과 매일같이 싸우며 생산 라인 동선 변경, 작업 방식 개선, 외주처를 늘리고 변화를 주면서 2교대 생산, 자동화 등으로 밀려드는 주문을 처리했다. 바이어에게 선적일을 양해해 달라 부탁하고 지친 직원들과 재충전을 위한 야유회를 갔다

올 정도로 분주하게 돌아갔다.

제조 기반 회사는 공장 가동률이 생명이다. 마진이 좋고 납기가 충분한 것만 골라서 받다 보면 거래처는 떨어져 나간다. 콧대가 높은 곳과 누가 거래하고 싶겠는가? 최종 소비자를 만족시켜야 하지만 거래처를 만족시키지 못한다면 이 또한 고객을 만족시키지 못하는 일이다. 불만이 누적되다 보면 거래처를 바꿔 버린다. 백화점 퇴점도 마찬가지다.

맞춰 주면 엄청 고마워한다. 신뢰가 쌓이며 조건이 점차 좋아진다. 힘들어도 할 수 있는 주문을 받는 이유가 있다. 생산 시설을 갖춘 공장이 있기 때문이다. 인건비만 나와도 오더를 받는다. 공장을 멈추면 적자가 순식간에 눈덩이처럼 불어난다. 전기료, 급여, 기본 운영비 등 고정비가 있어서 그렇다. 수익이 좋은 판매와 적은 판매가 결합되며 고정비 비중이 줄어들고 전반적인 수익성이 좋아진다. 제조 기반 회사의 단점이고 장점이다.

난관을 넘어갈 수 있는 능력이 사람에게는 있다. 문제를 만드는 것이 사람이지만, 문제를 해결하는 것도 사람이다. 밀려드는 주문과 원하지 않았던 급발주를 처리해 나가면서 회사는 발전해 왔다. 직원의 역량이 커진 것은 당연하다. 훗날 창업하거나 타 업종으로 이직 또는 회사에서 대우를 받는다. 중심에 서서 고생스럽게 쌓은 업적은 거짓말을 하지 않는다. 물리적 시간이 만든 단순한 경력과는 차원이 다르다.

회사는 직원의 역량만큼 성장한다. 사장이 회사를 이끌지만 성장을 보장하진 않는다. 사장이 뛰어야 직원이 걷는다. 부서 책임자가 뛰어야 팀원이 걷는다. 매니저가 뛰어야 시니어가 걷는다. 목표와 목적을 푯대 삼아 일하는지 동료는 안다. 중요한 일을 등한시하고 있는지 동료는 안다.

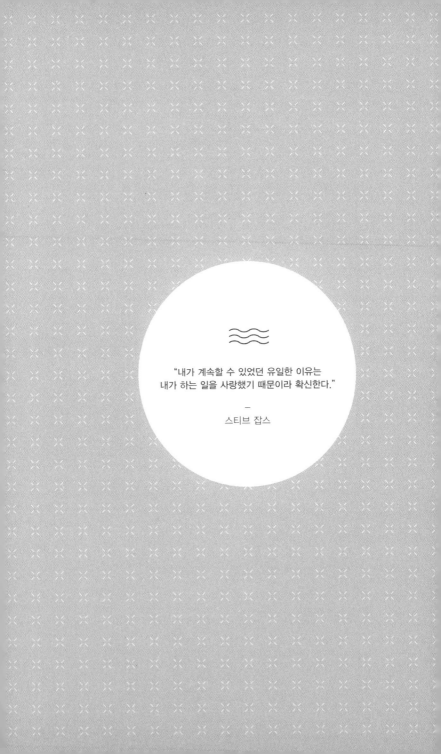

"내가 계속할 수 있었던 유일한 이유는
내가 하는 일을 사랑했기 때문이라 확신한다."

–

스티브 잡스

계속할 용기가 있다면
꿈은 이루어진다.

01

전략 · 전술서를 읽고
적용하라.

군대 갔다 온 분들은 안다. 고지를 점령하고 나서 제일 먼저 하는 일은 깃발을 꽂고, 바로 사주 경계四周警戒-All Around Guard에 들어가는 것이다. 방심하는 사이 적으로부터 공격을 당하기 때문에, 언제 나타날지 모르는 적을 감지해야 하기에 군에서 자주 사용되는 단어이다. 성공에 도취되어 느슨한 사주 경계로 방심하게 되면 적의 공격을 받는다. 비즈니스 세계에서 아무리 탄탄하고 큰 기업도 자만하거나 방심한 사이에 기존의 경쟁자가 아닌 새로운 가치를 만들어 내는 기업의 출현으로 어려운 국면을 맞아 좌초되는 것을 봤다. 한 때 전 세계를 석권했던 코닥, 노키아, 모토로라 등이 역사 속으로 사라졌다.

반면에 후지필름은 필름 산업의 쇠퇴를 반전의 기회로 만들었다. 기존 필름과 카메라 사업을 축소하고 필름을 만드는 핵심기술을 살려 의료, 화장품 분야로 사업을 확대했다. 2007년도 화장품 브랜드 '아스타리프트Astalift'를 선보이며 큰 성과를 거두었다.

　　같은 위기를 겪으며 망하는 기업이 있고, 한동안 고전을 겪지만 위기를 기회로 삼아 부활하면서 성장해 가는 기업이 있다. 위기 대처 방법에 따라 결과가 확연히 달라졌다. 사업 인생을 살면서 여러 부침과 대표에서 해임되는 큰 격랑을 겪으면서 인문서와 전략·전술서를 힘들 때마다 읽고 또 읽었다. 극한 감정으로 마음이 휘둘리며 심란한 시간을 보냈다. 자칫 평정심을 잃고 사건을 칠 수 있는 위험한 순간을 잘 넘겼다. 매우 고통스러웠지만, 그간『세계 전쟁사』,『손자병법』,『한비자』,『사기』,『군부론』,『난중일기』 등 전략서와『논어』,『도덕경』,『목민심서』, 톨스토이 명작 등 인문서를 집중해서 본 것이 큰 도움이 되었다.

　　서로 물고 뜯기는 수많은 전쟁에서 영웅이 만들어졌다. 반면에 안타깝게 죽음을 맞거나 분노를 참지 못하고 스스로 목숨을 끊는 인물들이 있다. 죽음에 대한 역사가들의 평가는 엄정했다. 비록 전쟁에는 패했지만, 귀한 목숨을 스스로 끊는 것을 경계했고 분을 참지 못한 미련한 행동이라고 보았다. 역사는 우리에게 세상에 영원한 것은 없다는 사실을 알려준다. 치욕을 감내하는 동안 꾸준히 훈련하며 다음을 기다리는 지혜 있는 자가 되겠다고 결심하게 되었다.

"나무를 베는 데 여섯 시간이 주어진다면, 그중 네 시간은 도끼를 가는 데 쓰겠다." 링컨의 말에 깨달음 얻었다. 당장 뭘 하려고 발버둥 치다가 힘만 빠지는 것보다, 효과적이고 지혜로운 준비를 하며 이 시련의 시기를 잘 보내자는 다짐을 했다. 읽으며 무릎을 탁 치게 만든 내용 중 베트남 지압 장군의 "삼불전략三不戰略"을 소개한다. 베트남 전쟁사는 물질과 무기 모두 우세한 프랑스, 미국 등 강대국을 상대로 약소국이 승리한 역사로서 큰 감동과 용기를 주었다. 전쟁에서 이길 수 있었던 핵심이 첨단 무기와 돈보다 사람을 더 중요하게 여긴 지압 장군의 "삼불전략"이다.

첫째, 적이 원하는 시간에 싸우지 않는다.
둘째, 적이 좋아하는 장소에서 싸우지 않는다.
셋째, 적이 생각하는 방법으로 싸우지 않는다.

프랑스나 미국은 주로 낮에 전투하는 것에 익숙했다. 밤에 기습해 오는 게릴라전에 능숙한 베트남군에 시달렸다. 적들이 평지나 눈에 보이는 장소에 익숙한 것을 간파한 베트남군은 울창한 밀림과 지형을 철저히 이용했다. 탱크, 폭격기 등의 최신 무기로 공격했지만, 베트남군은 지하동굴을 파고 잠복하는 등 적의 공격을 무력화시켰다.

법정관리 동안 회사는 늘 자금이 부족했다. 홍보나 마케팅을 하고 싶어도 돈이 없어서 할 게 없어 보였다. 경쟁사들과 같은 전략으로 싸우려고 하니까 길이 보이지 않았던 것이었다. 상대방이 하지 않는 것이 무엇인가, 동시에 상대방은 없고 우리가 가진 것은 무엇인가, 직원들과 세밀하게 찾아내기 시작했다. 베트남 전쟁을 승리로 이끈 "삼불전략"을 마케팅 전략으로 적용했다. 다들 반신 반신반의했지만, 성과를 올리며 매년 20~30% 매출 성장을 이루어낼 수 있었던 매력적인 차별화 전략이었다. 고객 중심으로 영업하는 것은 맞지만 너무 고객에게 맞춰 주다 보면, 정작 고객에게 해야 할 것을 못 하고 고객이 원하는 대로 끌려가게 된다. 매력적인 차별화는 고객에게 진정으로 도움이 되고, 알지 못하고 있는 것을 알려주는 것이다.

『손자병법』은 중국 춘추전국시대 "손무"라는 명장이 그의 손자인 "손빈"와 함께 3대에 걸쳐 저술한 병서이다. 앉은뱅이 군사 전문가 손빈은 기원전 356~319년 무렵에 활약했다. 그는 손자병법과 군사사상을 계승하고 심화시킨 전문가로 손무 못지않은 비중을 가진 군사 책략가였다.

① 장수가 군주의 신임을 얻어 전권을 가지고 작전하면 승리하지만, 장수가 군주로부터 견제를 당해 행동이 자유롭

지 못하면 패한다.

② 전쟁의 규칙을 알면 승리하고, 그렇지 못하면 패한다.

③ 민중의 지지를 얻으면 승리하고, 그렇지 못하면 패한다.

④ 장수가 단결하면 승리하고, 그렇지 못하면 패한다.

⑤ 적의 정세와 지형에 익숙하면 승리하고, 적의 정세를 살피지 못하면 패한다.

역사적으로 인간의 자유와 창의성이 보장되는 곳에서 발전이 이루어졌다. 창의력과 자유의 반대는 억압과 규제다. 서로 경쟁하고 한편으로 협력하고 또 한편으로 적대하거나 견제하며 발전했다. 이들이 서로 주고받으며 혼돈과 평화가 교차하면서 인류는 발전해 왔다. 목숨이 위태롭고 궁지에 몰렸을 때 영웅들은 어떻게 처신했는가? 자신에게 비춰보고 지혜를 구하자. 같은 상황에서 자신은 과연 어떤 선택을 하고 행동했을까? 섣부른 판단보다 위기에 대하는 자세와 태도에 따라 훗날의 결과는 확연히 달랐다.

"삼국지 몇 번 읽었냐, 성경 몇 번 통독했냐?" 이렇게 말하는 사람이 제일 무섭다. 읽은 지식을 쌓아 놓고 아는 것만 많은 사람이다. 흐르지 않고 고인 물이 썩는 것과 마찬가지의 이치로, 써먹지 않는 지식은 해가 된다. 한번은 직원이 업무용 차를 몰고 나가서는 며칠째 연락이 두절된 일이 있었다. 집에도 안 들어왔다고 하고 무슨 일이 생긴 건 아닌지 불안했었다. 어렵사리 연락이 닿았는데 과중한 업무 스트레스로 기도원에 들어왔다는 것이다. 그 소리를 듣고 기절하는 줄 알았다. 한심하다는 생각밖에 들지 않았다. 충격적이고 부끄럽기까지 했다. 상황이 어려울 때 기도하는 것은 당연하다. 하지만, 원하는 기도에 부합하는 행동은 하지 않고 기도원에 들어가 기도만 하고 있다니 어이가 없었다. 스트레스를 불러일으키는 문제는 문제와 부딪쳐야 해결책이 생긴다.

어찌 된 일인지 말씀과 기도만을 강조하지 그에 부합하는 행동을 하지 않는 것에 대해서는 너무나 너그럽다. 행함이 없는 지식은 말만 많아지고 머리만 커질 뿐이다. 지식에 학습된 경험을 덧붙여 행동하는 지혜가 발휘되어야 한다. 결국, 실제 자기의 삶에 적용하지 않는다면 그 지식은 수명을 다한 것이다. 작동하지 않는 총과 다름없는 것이다. 아무도 그 사람의 말과 행동을 신뢰하지 않게 만든다. 감동적인 내용에 줄을 치고, 적고, 자주 곱씹어 보면서 내 삶에 적용해 보자. 예기치 못한 결과가 나올 수 있다. 변형되어 나오는 유형을 다듬어 가는 것이 우리의 인생 스토리가 되는 것이 아닌가 싶다.

〈마지막 한 사람〉

고대 그리스 철학자 소크라테스가 제자들에게 말했다.
"오늘 여러분에게 간단한 동작을 제안하겠다.

자 이렇게 팔을 들었다가 힘껏 뒤로 뿌리치는 거다."
시범을 보이고 나서 소크라테스는 제자들에게 물었다.

"이 동작을 날마다 300회 넘게 할 수 있겠는가?"
제자들은 한결같이 재미있다는 듯 웃으면서 그렇다고 답했다.

그리고 한 달 뒤 소크라테스가 제자들에게 물었다
" 팔 뿌리는 동작을 날마다 300회 넘게 한 사람 손들어 보게."

거의 모든 제자가 손을 들었다 .
그리고, 두 달이 지나서 물었을 때, 70%가 손을 들었다

그리고 1년 뒤에 다시 물었을 때는
그 많은 제자 가운데 오직 한 사람만이 손을 들었는데,

그가 바로 훗날 명성을 떨친 철학자 플라톤이었다.

나는 자다가 성공했다

02

팔리는 것을
만들어라.

　　잘 나가는 상품이나 회사를 보면 부럽다. 금세 대박 터뜨린 것 같지만, 자세히 들여다보면 알 수 있다. 오래전부터 수많은 시행착오를 겪으며 꾸준한 활동의 결과로 고객의 구매로 이루어지고 있다는 사실을 말이다. 그러면 좋은 상품은 어떤 상품인가? 품질 좋은, 가성비 좋은, 디자인이 특별한, 기능이 우수한, 튼튼한 상품 등을 말한다. 엄중하게 말하면 "잘 팔리는 상품이 좋은 상품이다." 이 사실을 깨닫기까지 상당한 시간이 걸렸다. 아무리 좋게 만든 것이라도 시장에서 팔리지 않으면 허당이기 때문이다.

　　잘 만든 것 같지 않아 보이는데, 오랫동안 시중에서 잘 팔리는 상품을 보면 이해가 가지 않았던 적이 있었다. 저런 상품을 어떻게 출시했는지, 사는 사람이 이상하다는 등 잘 팔리는 상품을 시기하기도 했다. 잘 팔리는 데는 다 이유가 있다. 마케팅적 사고가 소비자 중심으로 출발하는 것은 당연하지만, 지나치게 매몰되어 있으면 고객이 혜택을 받고도 느끼지 못하는 경우가 생긴다. 고객이 구매해서 누리게 되는 혜택을 어떻게 전달하느냐가 성패를 좌우한다. 소비자들이 사도록 만드는 것, 즉 새로운 시각으로 사람들의 구매 심리를 불러일으키는 것을 만들어야 한다.

한 분야에 오랫동안 종사한 사람이 만든 브랜드라면 특정한 소비자의 욕구need가 무엇인지 잘 알 수 있다. 전반적인 소비자층을 알 수 없지만, 타깃 소비자의 마음을 알고 브랜드가 무엇을 바꿔야 하는지에 대해 매우 강한 본능적인 감각을 갖고 있다. 상품 가격이 단지 싸다고 팔리는 시대는 지났다. 그렇다고 상품이 좋으면 팔리는 시대도 아니다. 팔리는 상품이 되기 위해서는 고객의 구매가 이루어지는 현장의 경험이 매우 중요한 시대가 되었다. 그건 모바일이나 오프라인 매장이나 동일하게 적용된다. 시중에는 유사한 상품이 너무나도 많고 웬만한 수준으로는 매력을 주지 못하기 때문이다.

마케팅에서는 세 가지 중 하나는 있어야 한다고 강조한다. 첫째, 퍼스트 원First one 둘째, 온리 원Only one 셋째, 넘버 원No. one이다. 필자가 처음으로 개발하여 베개혁명을 일으킨 메모리폼 베개는 국내에서 위 3가지 전부 가지고 있었다. 지금은 퍼스트 원만 남았지만 말이다.

분당 이매동을 지나면서 본 작은 핸드폰 가게의 플랜카드가 깊은 인상을 주었다. "동네 주민 고객만족도 1위." 마케팅 핵심 공략 요소 3가지 중 넘버 원No. one을 만든 것이다. 보통은 내세울 것이 없다며, 뭘 써야 할지 잘 모른다. 동네 핸드폰샵에서 이런 전략을 쓴다는 것에 깜짝 놀랐다. 궁금해서 그 샵에 들어가 사장님을 만났다. 마치 마케팅 인터뷰같이 대화하면서 가게에 들어오시는 손님을 지켜봤다.

찾아오게 만드는 매력이 있다. 동네 주민 고객만족도 1위는 그냥 생긴 것이 아닐 것이다. 사장님이 8년간 주민과 소통하며 지내 온 시간의 결실이라고 생각한다. 어르신이 핸드폰이 안 된다며, 다른 곳에서 하지 않는 작은 부분도 좋은 마음으로 해주는 사장님, 이런 정성이 모여서 입에서 입으로 전해지며, 크기는 작지만 큰 점포에서 하는 형식적인 응대로는 경험할 수 없는 따뜻함을 느낀다. 아이가 전화가 온다. 엄마가 핸드폰 바꿔 주실 것 같냐며… 사장님 왈, 좀 더 기다려야 할 것 같아… 마치, 삼촌 같다. 늘 손님이 있는 건 아니라면서, "혼자서, 가게 지키며 일하는 것, 쉽지 않습니다. 손님 기다리는 것, 정말 힘이 듭니다."라고 고충을 얘기한다. 간혹, 주변에서 가게를 크게 확장하라는 말을 듣지만, 조금씩 서비스의 영역을 넓혀 가며 실속 있는 장사를 고집한다.

가게 집기의 위치를 정기적으로 바꾸고 입구에 계단에 빨간색 계통을 칠하는 등 분위기에 변화를 준다고 한다. 정말 자기 일을 즐기고 손님에게도 지루함을 주지 않기 위해 노력하시는 모습에 도전을 받았다. 근처에 대형 직영 매장이 있는데도 불구하고 작은 핸드폰 매장은 강했다. 내가 내세울 수 있는 1위, 최초, 최고는 무엇일까? 동네 주민 고객만족도 1위 핸드폰 가게에서 영감을 얻고 간다.

일본 시장을 개척할 당시 오사카 스이타라는 도시 원룸에서 지냈다. 인상 깊은 식당이 있었다. 작고 허름해 보이는데도 저녁때마다 항상 사람들이 줄을 서서 기다리고 있었다. 그 모습이 하도 신기해 일부러 시간을 내 그 집에 들렀다. 우리나라로 치면 가정식 백반집이었다. 특이한 점은 한쪽 벽면이 단골들의 사진으로 가득 차 있었다. 자세히 보니 사진 옆에는 '10주년 기념 여행', '20주년 기념 여행'이란 글귀가 적혀 있었다. 매년 한 번씩 단골들과 여행을 가고 있으며 바로 며칠 후가 25주년 기념 여행이라고 했다. 식당 주인과 손님이 일 년에 한 번씩 여행을 한다? 여행비는 각자 부담이었다. 재밌기도 하고 한편으로 놀랍기도 해서 여행에 동참했다. 아침에 약속 장소로 나갔더니 대형버스가 기다리고 있었다. 1박 2일 함께하며 일본인의 정서를 조금이나마 이해할 수 있었다. 돌아오는 버스 안에서 주인장이 마이크를 잡았다. 여행에 함께해서 감사하고 앞으로도 꾸준히 요리를 연구하며 모시고 싶다고 말한다. 주인장의 모습에서 손님을 귀히 여기는 마음이 그대로 전달되었다. 멀리 이사를 간 후에도 일부러 식당을 찾아오고, 매년 여행을 하는 모습을 보며 알았다. '작은 식당에서 맺은 서로의 인연을 이렇게 소중히 생각하는구나!

　　　일본 출장길에 깊은 인상을 받았던 모스버거 햄버거집이 있다. 점장이 손글씨로 매일 아침 인사를 전하는 것을 보고 깜짝 놀랐다. 정말 색다른 경험이었다. 당시 인천아시안게임 중이었다. 그래서 그런지 일본 선수의 선방이 이어지고 있는 것 같았다. 일본에 맥도널드가 상륙해서 다들 걱정만 하고 있을 때, 자신의 강점으로 차별화 전략을 펼치며 경쟁력을 키워 간 모스버거의 저력이 느껴졌다. 품질이 현장의 친절을 이기지 못하고, 명성이 현장의 정성과 진정성을 이기지 못한다는 메시지가 생각난다. 상품만이 차별화가 아님을 명심해야 한다.

〈매니저가 보내온 감동 스토리〉

백화점 생활 중 환경도우미로 매일 바닥과 화장실 청소를 하
시며 고객이 된 이야기입니다. 오랫동안 매장 통로를 밀대
질하시면서, 우리 제품을 눈여겨보셨나 봐요. 어느 날 저한
테 오셨습니다. 평소 제가 상담하는 내용과 고객들이 제품에
매우 만족해 하는 것을 들으셨다며 조심스레, "이런 것은 마
이 비싸제…."하시면서 말씀을 꺼내셨어요. 그래서 가격대를
말씀을 드렸더니 "아이고!!" 하시면서 그냥 웃으셨어요. 따
님이 출가해서 임신을 했는데, 여자분들이 잘 아실 거예요…
임신 중 유난히 허리통증으로 고생하는 사람들이 간혹 있어
요. 그분도 그랬나 봐요.

타퍼 가격이 일반 고객들이 선뜻 사기에는 부담이 되는 가격
이잖아요. 내 월급이 100만 원 남짓인데 맘은 뻔한데 형편은
여의치 않고 하시면서 몇 번이나 우리 매장을 지나치면서 제
품을 곁눈질하셨어요. 그분한테는 요즘 흔하디흔한 카드 한
장도 없나 봐요. 출근 후 오픈 준비를 하고 있던 어느 날,
아주머니께서 현금 20여만 원을 들고, 미안한 얼굴로 "매니
저 언니야, 내 나쁜 사람 아이데이. 내가 월급 타서 한달 만

에는 못 갚지만, 2~3달 안에 갚아 줄 테니까, 언니야가 우째 쫌 해주마 안되겠나!!" 하시면서 진심으로 부탁하셨어요.

몇 달 동안 우리 제품을 따님한테 보내 주고 싶은 그분의 심정을 잘 알길래, 저도 망설이지 않고, 제 카드를 꺼내서 결제를 했습니다. 그 전에 허리병 생긴 직원한테 이런 식으로 결제했다가 휴대폰 번호까지 바꾸고 잠적해서 제가 다 변상한 사건도 있었어요. 그 뒤 석 달 만에 카드값을 전부 갚으셨어요. 그 중간에 저를 만나면 내 손에다 떡이며, 귤이며, 사탕이며 마구마구 감사의 표시를 하셨어요. 똑바로 잘 수 없던 따님께서 우리 제품을 사용하고 난 뒤에 너무나 편하게 잠을 잘 자고 있다고, 제가 마치 사장님인 듯, 감사의 인사를 마주칠 때마다 하시는 거예요.

몇 달 뒤 따님께서 출산을 하셔서 손자를 봐주셔야 한다고 서울로 이사를 하셨어요. 그리고 일 년이 지났을 무렵 우리 매장을 방문하셨습니다. 서울에 백화점이 있지만, 내가 돈을 모아서, 꼭 언니야 한테 와서 구매하시겠다며 고향 오시는 길에 들러서 손자와 자녀분들 베개 제품을 구매하고 감사함을 표시하며 가셨습니다. 오실 때마다 하시는 말씀, 경상도 구수한 말씨, "아이고 조터라, 우째 이래조으노, 베개도 조코 우리 딸 매트리스도 조코, 그라고 고맙데이…" 대구 오시는 길에 또 매장에 들러서 쌈짓돈을 꺼내서 패드 한 장을 또 구매하시고 가셨어요. 그분이랑은 일 년에 한 번씩 보는 소중한 고객이 되었습니다.

매니저가 보내온 사연을 접하고 눈물이 맺혔다. 그리고 한참을 생각에 잠겼다. 어머니 생각도 나고, 자식 생각하시는 부모님 마음에 가슴이 짠했다. 그냥 생각 없이 만들지 말자! 정성껏 만들자! 우리는 물건이라 볼 수 있지만, 고객은 사랑을 전한다는 것을 잊지 말자! 보람과 책임감이 더해진 스토리가 되었다.

나는 자다가 성공했다

03

당당히
뻔뻔해져라.

2006. 8. 12.~2014. 11. 10., 8년 3개월, 3,012일 긴 터널을 지나며, 기업회생법정관리이 종료되었다. 당시, 망한 것이나 다름없었는데, 법정관리로 간신히 목숨을 살려냈고, 하루, 한 주, 한 달, 일 년 이렇게 생명을 연장했다. 수습과 재기를 위해 어두운 동굴 속을 걸어가며 피눈물을 흘린 적이 한두 번이 아니었다. 매일 아침 살 수 있는 방법만을 생각하며 잠자리에서 일어났다. 그러다 보니 모두의 사정을 일일이 헤아릴 수 없게 되었다. 그 사정을 감안하면 이러지도 저러지도 못하는 일 천지였기 때문이다. 당연히 원망과 욕도 참 많이 먹었다.

무모하게 미친놈으로 보여도 무데뽀로 나간 것은 내가 할 수 있는 최선이었다. 목숨이 살아 있어야 수습하여 그나마 피해를 줄일 수 있고, 그래야 언젠가 신세를 갚을 수 있지 않겠냐는 신념 그 하나였다. 한동안 매일 아침 격려 문자를 보내 준 친구, 기운 내라며 밥 사 주고 손잡아 주신 채권자, 불안해 보이면 얼른 달려와 말벗을 해준 이웃, 필요한 말을 해주시고 선뜻 돈을 빌려주신 선배님, 갈비탕 사 주시며 좀 쉬었다 가라 하신 공무원, 재기 가능성에 기다려 준 바이어 등등….

결제를 못 한 이유로 원료를 못 받아 공장 가동을 중단하는 사태가 생겼었다. 모두 포기하고 하늘만 처다보고 있을 때, 다들 가도 소용없을 것이란 소리를 뒤로하고, 아침 일찍 절박한 심정으로 거래처를 찾아갔었다. 문전박대당할 줄 알았는데 따뜻한 커피로 위로해 주셨다. 되지도 않을 일을 되게끔 하려고, 참고 견뎌낸 직원들이 고맙다. 떠나지 않고 묵묵히 감내하며 때로는 파격적인 스카우트 제의에도 자리를 지켜준 신뢰를 어떻게 갚아야 하나…. 고생만 하다 하늘나라 가신 형님이 생각나서 눈물이 났다. 과연 이날이 올 수 있을까 하셨었는데….

"빚진 자로 신세를 갚을 수 있고, 세상에 도움이 되는 사업 인생을 이어갈 수 있고, 어려운 사람에게 희망을 줄 수 있어 기쁘다. 앞으로도 언덕과 터널이 이어질 것이다. 다져진 역량과 감사함으로 묵묵히 헤쳐나갈 수 있는 믿음이 자리잡게 되었다. 누구나 넘어진다. 다시 일어나기 위한 선택, 웃음을 잃지 않고 살고자 하는 의욕과 행동이 오늘을 있게 도와줬다. 기회가 숨어 있는 사막과 광야로 다시 출발한다." 법정관리 종료한 날 저녁에 쓴 글이다. 모두 퇴근한 사무실에 혼자 앉아 윗글을 쓰며 하염없이 눈물을 흘렸다. 비록 회사에서 종료 6개월 만에 해임당하는 일을 겪게 됐지만, 그날의 감동은 평생 잊지 못할 것이다. 8년 3개월간 법정관리를 통해 회사를 살려낸 스토리는 돈으로 가치를 매길 수 없는 무형의 자산이 되어 줄 것이기 때문이다.

　　아주 없을 때는 어딜 가고 싶어도 돈이 없어 나가지 못한다. 단돈 1만 원이 주머니에 없을 때가 있기 때문이다. 그때 느끼는 자괴감은 경험해 보지 않는 사람은 모른다. 한번은 일산에 계시는 아버지를 뵈러 가야 하는데, 아무리 주머니를 뒤져도 차비가 없었다. 시간은 가고 어찌할까 고민하다가 무작정 버스를 탔다. 버스가 출발했다. 기사 아저씨에게 "돈이 있는 줄 알았는데 없네요, 어쩌죠, 죄송합니다.", 기사 아저씨 찌푸린 얼굴과 짜증 섞인 소리로 "다음에는 확인하고 타세요." 하신다. 당시에 무슨 용기로 그렇게 했는지, 얼굴에 철판을 깔고 거짓 연기를 했다. 창피한 이야기다.

아버지를 만나고 나오면서 5만 원을 빌렸다. 큰 사업체 운영하던 자식이 차비를 빌리는 것이 죄송스러웠지만, 집에 가기 위해서는 어쩔 수 없었다. 기사 아저씨가 보든 말든 돌아오는 버스에 요금을 두 배로 냈다. 홀가분한 기분이 들었다. 연기를 하며 공짜 버스를 탈 때 불편했던 마음이, 요금을 두 배로 내고 타니까 행복한 기분이 들었다. 돈이 많고 적음이 아니라 쓸 수 있을 때 쓰면 기분 좋고, 쓰고 싶을 때 없으면 불편함을 느끼는 것이다. 부모가 아이들이 하고 싶은 것 못 하게 하면 욕구불만이 생기는 것과 비슷한 증상이다.

뱀은 1년에 적어도 한 번 이상 허물을 벗음으로써 부쩍 자란다. 허물을 벗지 않으면 죽는다. 엄청난 고통을 수반하지만 껍질을 벗지 않으면 죽는다는 사실을 본능적으로 알기에 뱀은 정기적으로 껍질을 벗는다. 한때 자신을 보호해 준 방패막이 역할을 했던 껍질을 벗는다. 우리가 탈피해야 하는 '허물'은 무엇인가? 말, 믿음, 습관, 생각, 익숙한 삶의 방식 등이다. 이 허물들은 주기적으로 벗지 않으면 단단한 껍질로 변해 성장을 방해한다. 딱딱한 껍질을 가진 바닷게는 자라기 위해 평생 27번의 허물을 벗는다고 한다.

역설적이게도 우리의 변화를 가장 두려워하는 이는 가까운 사람이다. 그들은 우리의 새로운 자아를 알아보지 못할 뿐 아니라

나는 자다가 성공했다

그것을 받아들이기를 거부한다. 그리고 이전의 모습으로 돌아오라고 충고한다. 상황이 바뀌면 과거에 계획한 삶을 기꺼이 버려야 한다. 우리를 기다리고 있는 진정한 삶을 살 수 있도록 말이다. 새로운 피부가 돋기 위해서는 낡은 피부를 벗어야 한다. 낡은 틀 안에 머물러 있으면 갇힌다. 껍질을 벗는 것이 자신에게 주어진 지복支福, 더 없는 행복을 따르는 일이며, 지복은 낡은 장소를 떠나 자신만의 여행을 시작할 때 찾아온다. 뱀이 허물을 벗듯이 어제를 벗어던지는 것이다. 고통을 겪지 않게 해달라는 기도는 하지 않는 게 좋다. 고통을 통해 단단한 내공, 인내심과 책임, 신뢰를 주는 사람으로 나아가게 해달라고 기도하라. 구태의연한 껍질을 벗겨 내야 내가 살고 모두가 산다.

일본은 20년 장기 불황을 겪었다. 그런데도 나라가 망하지 않고 돌아가는 것은 일본 사람들의 생활 지혜가 있기 때문이라고 한다. "수입에 맞춰 산다." 이 단순한 원리가 일본 경제가 장기 불황을 지나 차츰, 회복의 국면으로 나아가고 있는 힘이 아닌가 싶다. 바뀐 상황 속에서, 소득보다 지출을 적게 하여 자족하는 삶이 행복을 열어가는 출발선이 아닐까? 성공적인 삶으로 연결되지 않을까? 진정한 성공은 인생 전반에 걸친 성공이다. 건강하고 주변에 친구가 있고 삶에 대한 열정으로 배우기를 좋아하고 자기 인생을 사랑하는 것이라 생각한다.

회사가 어려운 상황에 대표가 이런저런 교육을 받고 다닐
때, 직원들 눈치가 보였다. 고가의 교육을 받는 것에 이해가 가지 않
는다고 불만을 표출하는 직원이 있었다. 직원의 입장에서 보면 이해
가 가는 말이다. 위기 돌파를 위한 여러 사례와 지혜를 배우고 싶은
욕망이 있었다. 눈치도 봐야 하고 수강료가 없어서 머뭇거린 적이
한두 번이 아니었다. 하지만, 꼭 배워야 하는 과정은 외상으로 교육
을 신청했다. 교육 기관에 회사 사정을 얘기하고 정중히 도움을 부
탁했다. 얼굴에 철판을 깔고 배우러 다녔다. 교육받는 내내 다른 수
강생들은 전혀 눈치채지 못했다고 한다. 정상적으로 돌아가는 회사
의 대표일 줄만 알았던 것이다. 경영이 호전되면서 수강료 외상값을
갚아 나갔다.

실패하는 사람은 애당초 잘못된 목표를 세운 사람, 목표에
부합되지 않는 행동을 하는 사람이다. 잘못된 목표는 허상을 낳는
다. 목표에 맞지 않는 행동은 주변을 원망하고 자신의 합리화에 급
급하게 만든다. 또한, 할 수 있는 것 중에서 어려움이 없을 것 같은
길을 골라서 선택하게 만든다. 앞이 깜깜하고 사방이 다 막혔다고
생각한다면 하늘을 쳐다보자. 내 인생의 최고의 날은 지난날이 아니

다. 앞으로 펼쳐질 최고의 날은 아직 오지 않았다. 살고자 하는 의욕의 불씨를 살리는 데 최고의 노력을 다하라. 최고의 날 주인공은 바로 나다. 지금 어두운 동굴 속을 걸어가고 있는가. 그곳은 동굴이 아니다. 그 끝이 매우 눈부신 환한 터널이다. 심장 떨리는 목표를 분명하게 세우고, 겸손한 자신감으로 당당하고 뻔뻔하게 부딪쳐라. 불가능은 불같은 가능이 될 수 있다.

04

생각하고,
관찰하라.

        몇 년 전 들었던 『연탄길』 이철환 저자의 강의 내용인데 지금도 가끔 생각이 난다. 베스트셀러가 되어 엄청 불려 다녔던, 그 후 혹독한 침체를 걸었던 시절 그 이유를 깨닫기 전까지 우울하게 보냈던 내용이었다. 어느새 잘 나가는 유명 작가가 되고 보니 눈에 보이는 것이 없었다. 보여도 제대로 볼 수 있는 안목이 없었다. 칭찬과 듣기 좋은 소리, 부럽고 대단하다는 소리만 듣게 되었다. 듣기 싫은 소리는 건성으로 들었고, 기분이 나빴고 그 사람을 멀리했다. 주변에서 나에게 필요한 얘기를 해주는 사람이 없었다. 모든 게 좋아 보였으니까. 지나고 보니 그게 독이었고 함정이었다. 그 것을 깨닫게 된 것은 불러주는 곳도 없고 심각한 우울함에 잠을 못 이루고 있을 때였다.

한번은 살고 있는 오래된 집에 개미가 많아서 어떻게 할까 궁리하다가 개미가 좋아하는 먹잇감에 치명적인 손상을 입히는 약물을 타서 놓았다고 한다. 집안 구석구석에서 개미가 몰려와 열심히 먹이를 옮기는 광경이 대단했다고 한다. 눈에 보이는 달콤한 먹잇감에 온 정신이 팔려 독약이 든 것은 생각할 틈도 없었던 것이다. 그 후, 개미는 집안에서 볼 수 없었다고 한다. 개미한테 달콤했던 것은 독약이었다. 몰살된 것이다. 나에게 달콤하게 다가오는 것이 독약이 될 수 있다며 강의를 마쳤는데, 여러 가지를 생각하게 만들었고 가끔씩 생각이 난다. 나도 모르는 사이 내 입맛, 내 듣기 좋은 소리, 내 보기 좋은 것에 쏠리고 있음을 발견하며, 문득 이 말이 떠오른다. 지금 나는 무슨 독약을 먹고 있는가?

여론 조사, 학위 논문, 소비자 조사 등으로 각종 설문지를 대한다. 판매 부진 타개책을 논의하다가 애매하면 시장 조사를 해보라고 습관적으로 말하곤 한다. 시장 조사를 한다는 것이 몇 가지 질문지 만들어 물어보는 식이다. 질문도 자기가 생각해 낸 것들이다. 제대로 시장 조사하는 것은 그속에 들어가 함께하는 오랜 관찰을 요한다. 현장에서 질문하고 고심과 통찰의 과정을 거쳐야 한다. 간편하게 설문지로 대세를 알고자 하는 것은 자기 욕심이고 착각이다. 건성으로 답하고 그냥 찍는 경우, 있으면 좋다는 식으로 체크하기도 한다. 심지어 의도자의 입장에서 찍어주기도 한다. 몇 번 들러보고 왔다 간 것으로 마치 분위기 다 파악한 것으로 착각한다. 시찰과 관찰은 엄연히 다른데도 말이다.

고객의 반응을 조사한답시고, 자체 고객단을 선발하고 이 상품 어떠냐고 물어보는 경우도 있다. 심지어 지인들의 반응으로 크게 고무되어 실제 고객에게도 동일한 결과를 얻을 것으로 오인하고 착각하기도 한다. "고객이 답이다." 맞는 것 같아 보이지만, 꼭 그렇지만은 않다. 고객이 답을 알면 만들어 사업하지 않겠나? 답은 자신이 찾아내고 만들어야 한다. 고객은 조금 불편했던 점에 대해서 표현하는 데 적극적이지 않다. 그냥 그런가 보다 하고 넘어가는 게 보편적인 소비자의 특징이다. 그리고는 구매를 하지 않으면 그만이다. 말하지 않는 비판적이고 중대한 고객의 요청 사항 Customer Critical Request-CCR 을 찾아내야 한다. 숙제를 고객에게 넘기지 말아야 한다.

결과에는 그에 따르는 과정과 원인이 있듯이, 문제에는 반드시 원인이 있다. 참담한 결과에 매달린 일시적인 땜빵 처방으로는 근본적인 해결이 되지 않는다. 평소 자주 막혔던 길인데 흐름이 원활한 것은 뭔가 조치를 한 것이다. 신호 체계 또는 차선을 변경했거나 통행료 지불 방법 등을 개선한 결과이다. 샌프란시스코의 랜드마

크인 금문교Golden gate bridge는 1937년 완공 당시 세계에서 가장 긴 다리였다고 한다. 당시 해군의 요청에 의해 군함이 통과할 수 있도록 수면에서 67m 높은 곳에 만들어졌고, 그래서 그런지 세계에서 두 번째로 자살을 많이 하는 곳이라고 한다. 낙하 시 물에 도달하는 시간이 4초라고 하니 매우 높은 곳에 있다.

개통 후 오랜 기간 금문교는 교통 체증으로 몸살을 앓았다. 그 이유는 금문교 통행료를 지불하기 위해 길게 늘어선 차량 정체였다. 지금이야 하이패스 같은 단말기를 통해 금방 지불이 되겠지만, 당시에는 일일이 현금을 내고 건너가야 했기 때문이다. 샌프란시스코로 들어갈 때, 나올 때 요금을 지불하면서 생기는 정체는 당연하다고 생각했다. 습관이 무서운 것은 개선하는 방법을 찾지 않게 만든다는 것이다. 익숙한 것을 당연한 것으로 받아들이게 만든다. 금문교의 양방향 정체의 획기적인 개선은 수십 년이 지나서 풀렸다. 아주 단순한 개선으로 풀린 것이다. 바로 샌프란시스코로 들어올 때 한 번만 요금을 내는 방식으로 바뀐 것이다. 이로 인해 반대편의 차량 통행이 원활해진 것이다.

최근에는 남쪽 방향인 샌프란시스코 방향으로 갈 때 통행료 한 번을 내지만 차량 정체를 줄이기 위해 전자 시스템을 도입했다고 한다. 문제의 해결은 근본적인 원인을 찾아 개선해야 한다는 점을 시사한다.

문제 해결을 위해 깊게 생각하고 관찰해 원인을 찾아보자. 생각의 전환은 습관의 고리를 풀리게 한다. 문제의 원인은 아주 단순할지 모른다.

직접 백화점 영업을 하면서, 이해가 가지 않았던 점을 발견하게 되었다. 고객과 판매 현장에서 만나는 매장 매니저를 대하는 본사 직원의 자세가 잘못됐다는 것을 알게 된 것이다. 심지어 통화하면서 육두문자까지 오고 갔다. 판매 사원들을 뭐라 할까, 형편없이 대하고 있었다. 생활리빙 MD 매니저는 여성이 많다. 대부분 주부로 가정이 있는 분들이었다. 일터에서 판매직이라는 직군으로 대접에 소홀한 것을 보고 정말 놀랐고 부끄러웠다. 그분들이 가정으로 돌아가면 남편에게는 아내이고 아이들에겐 엄마였다. 직원들이 서로 존중하는 문화가 있어야 매출도 신장하고 회사가 살아날 수 있는 것이다. 매니저가 돈을 벌면 회사는 저절로 잘되게 되어 있다.

아무리 제품이 좋고, 서비스가 좋아도 판매는 현장에서 이루어진다. 가장 중요한 역할은 뛰어난 제품과 기능이 아니라, 소비자와 만나는 매니저의 역량이다. 일터에서 대우받지 못하고 돈벌이로 억지로 나와 일한다면 어찌 되겠는가? 온종일, 백화점 안에서만 있어야 하는 근무 환경도 스트레스가 장난이 아닐 것이다. 평균 매출 상향 평준화를 목표로 시작한 매니저 교육의 근본적인 목적은 매니저 사기 진작이었다. 전국에서 본사로 향하며 다른 매니저를 만나고 새로운 장소와 바깥 풍경을 보며 평소와 다른 생각과 쉼을 주고자 했다. 매니저를 진심으로 대하고 존중하는 문화가 심어지면서 점차 매출이 상승해 갔다.

매출 부진을 겪으면 직원들을 들볶는다. 실적이 부진하다는 이유로 직원을 교체한다. 원래 일 잘하는 직원이 있긴 하다. 그렇다고 직원 모두가 능력자인 조직을 만들 수는 없을 것이다. 그중에서도 우열이 가려지면서 혼란이 가중되는 부조화가 나타나기 때문이다. 매출 부진을 만회하기 위해 신상품을 출시하거나 가격 할인을 계속한다. 일시적인 효과가 있을지는 몰라도 장기적인 관점에서는 마이너스다. 지금 있는 제품을 먼저 잘 팔 수 있도록 해야 한다. 내 일처럼 일하지 않는 직원의 고충을 헤아려야 한다. 직원이 안착할 수 있도록 교육하고 시간을 기다려 줘야 한다. 일의 주체는 "생각 있는 사람이다." 임시방편으로 나아지지 않는다. 현상을 근본적으로 생각하고 관찰하면서 문제의 원인을 찾아내 보자. 닫혀 있던 문이 서서히 열리는 경험을 하게 될 것이다. 이제는 파격적인 태도와 마인드가 필요한 시대다.

05

부드럽고,
강하게 하라.

삼성그룹 창업자 고 이병철 회장이 붓글씨로 가장 즐겨 썼던 휘호가 운둔근運鈍根이라고 한다. 고인의 어록을 담아 놓은 『호암어록』에 기록된 말씀인데, 사람이 성공하기 위해서는 3가지 요소가 있어야 한다고 생각하신 모양이다. 운이 따라야 하고호운 好運, 둔할 정도로 우직해야 하며우직 愚直, 끈기끈기 根氣가 있는 3가지 요소가 바로 운둔근運鈍根으로서 성공의 관건이라고 한다. 이 말씀에 사뭇 공감하며 우직하게 노력하며 때를 기다리는 사람에게 운이 오는 것은 아닌가 생각해 본다.

대부분 새로운 일을 만나면 저항한다. 저항에도 종류가 있다. 첫째, 논리적 저항이다. 둘째 감정적 저항이다. 셋째, 무조건 저항이다. 논리적 저항은 풀어가는 견해와 방식에 따른 것으로 설득

나는 자다가 성공했다

과 대화로 풀어가면 된다. 문제는 감정적 저항과 무조건 저항이다. 감정적 저항은 평소 반감을 갖고 있는 사람이 하는 것을 싫어하는 경우이다. 반면에 무조건 저항은 처음부터 변화를 싫어하는 부정적인 마인드가 지배하는 경우이다. 시작하기도 전에 미리, "어렵다", "안 되는 거 아냐?", "지금 하는 일만으로도 바쁘지 않아?", "누가 하냐?"란 반응이 습관적으로 자동모드처럼 일어난다면, 안타깝게도 그런 조직에서 변화와 새로운 프로젝트 진행은 어렵다. 리더가 강제로 끌고 가는 일이 생기면서, 직원들은 억지로 하게 된다. 긍정적인 성과를 기대하기는 낙타가 바늘구멍 들어가는 격이다.

사군자四君子는 매난국죽 즉, 매화梅花, 난초蘭草, 국화菊花, 대나무竹 네 가지 식물을 일컫는 말이다. 매화는 이른 봄의 추위를 무릅쓰고 제일 먼저 눈 속에서 꽃을 피운다. 난초는 멋진 자태를 뽐내며 깊은 산중에서 은은한 향기를 멀리까지 퍼뜨린다. 국화는 늦은 가을에 첫 추위를 이겨 내며 섬세한 꽃잎으로 핀다. 대나무는 뿌리를 깊게 내리며 모든 식물의 잎이 떨어진 추운 겨울에도 푸른 잎을 계속 유지한다.

각 식물 특유의 장점을 군자君子, 즉 덕德과 학식을 갖춘 사람의 인품에 비유하여 사군자라고 부른다. 이 중에 대나무의 유연성과

번식력에 대하여 생각해 보자. 땅속 깊이 뿌리를 내리고 있는 대나무는 모진 바람에도 꺾이지 않는 유연함이 있다. 추운 겨울에는 푸른 빛을 잃지 않고 꿋꿋하게 견뎌 낸다. 강하면서도 강하지 않고, 연하면서도 연하지 않은 특징을 갖고 있다. 땅속 줄기는 옆으로 뻗어 마디에서 뿌리와 순을 틔움으로써 번식하는데 장마 전에 발아해서 1개월여의 장마 기간 거의 10m 이상까지 훌쩍 자란다. 그래서 우후죽순雨後竹筍이란 말이 생겨났다

대나무 자신들이 살아남아 숲을 이뤄야 할 곳에서, 잡초들이 감히 발도 들여놓지 못하게 하기 위한 그들만의 생존 본능을 발휘한다. 동남아의 원주민들은 대나무 통을 잘라 물통으로 사용하고 있으며 일본에서는 최고급 생과자나 금방 만든 찰떡의 포장에 대나무 잎을 사용한다. 이외에도 대나무의 왕성한 번식력과 질긴 생명력은 타의 추종을 불허한다. 일본 히로시마의 원자폭탄에도, 베트남전에서 미국의 고엽제 속에서도 꿋꿋하게 살아남아 유일하게 싹을 틔운 식물이 바로 대나무다.

시련이 있을 때마다, "나는 회복할 수 있는 기회가 있는 행복한 사람이다."라고 스스로 정의를 내렸다. 누구나 망할 수 있다. 그게 언제인지는 모르지만, 다시 일어서는 것은 선택이다. 실패로 바

나는 자다가 성공했다

닥에 떨어졌을 때, 회복탄력성을 높여주는 것은 결국 나의 선택과 행동에 달려있음을 되새겼다. 위기를 받아들이는 내 마음의 부드러운 완충지대가 필요했다. 회복탄력성이 높은 사람들은 처음부터 심리적으로 견고해서 그런 게 아니었다. 그들도 힘겨워하고 바닥에 주저앉기도 하지만, 깨달음 같은 생각의 전환과 작은 행동의 실천을 통해 결국에는 다시 시작할 힘을 내었다. 회복탄력성도 학습하는 것이란 확신이 들었다.

우리는 실제 경험하지 않아도 시행착오를 줄일 수 있는 길을 어느 정도는 알고 있다. 그 길이 지루해 보이기에 빨리 가고 싶어 한다. 장기적으로 안전한 길보다는, 단기적으로 빠르고 편해 보이는 길로 가고 싶어 한다. 여기서 문제와 사건이 생긴다. 높은 곳에서 떨어진 공은 더 높이 올라간다. 바닥을 치고 튀어 오른 회복탄력성은 바운드 높이가 점차 낮아지면서 다시, 바닥에 떨어져 버리고 만다. 회복탄력성은 가슴을 뛰게 하는 곳으로 계속 향하도록 하는 성장탄력성으로 전환되어야 한다. 위기에서 재기하는 사업가의 심리적 특징을 다룬 논문에서 커뮤니케이션 조현지 박사는 성장탄력성을 처음으로 정의하였다. 회복에서 머무는 것이 아닌 더 높은 목표로 향하는 성장탄력성으로 연결하자. 이런 추진력을 만드는 근원은 우선적으로 유연한 긍정적 사고를 갖는 것이다. 이것에 플러스 요인으로 작용하는 작은 행동을 매일 실천하는 것이다. 단지 의지에서 머물지 않고 습관적으로 작동하도록 지속적으로 노력하는 것이다.

2017년 백상예술대상 중간에 한 번쯤 본 듯한 단역배우 조연들로만 이루어진 축하 공연, 가슴이 아련해지고 뭉클한 감동을 주었다. 같은 배우로서 잘 나가는 사람과 잘 풀리지 않는 사람, 어찌 보면 한 끗 차이일 텐데 앉아 있는 자리가 다르다. 드라마 〈김과장〉의 OST인 서영은의 〈꿈을 꾼다〉의 가사와 어울려 배우라는 직업에 대한 자신들의 꿈을 말하는 조연들의 장면이 스크린에 비춰졌다.

똑같이 카메라 앞에 섰지만 주목을 받지 못하는 이들과 스타로서 축하 공연을 보는 배우들 간의 만감이 교차하는 애잔한 감동이 전해진다. 그들이 부르는 〈꿈을 꾼다〉의 축하 공연은, 화려하지 않았지만, 부드럽고 강한 의지가 보이며 도전하는 깊은 인상을 주기에 충분했다.

꿈을 꾼다.
잠시 힘겨운 날도 있겠지만
한 걸음 한 걸음
내일을 향해 나는 꿈을 꾼다.

나는 자다가 성공했다

06

건강을
꾸준히 관리하라.

하룻밤 사이에 머리가 백발이 되다. 극심한 변화와 심각한 정신적 스트레스로 하룻밤 사이 머리카락이 하얗게 셌다는 이야기를 종종 듣는다. 사회생활을 하면서 다양한 분야의 사람들과 만남이 있었다. 30대 중후반 정도 나이 되어 보이는 분이셨다. 겉은 까망머리인데 밑은 거의 전부 흰 머리카락이 올라와 있는 것을 보고 놀랐던 적이 있었다. 사연을 들어보니, 젊은 나이에 개인 사업을 하며 엄청난 스트레스를 받았다며, 고민으로 잠을 못 자고 했더니 어느새 머리가 하얗게 되었다는 것이었다.

회사의 존폐가 왔다 갔다 했던 때 일이다. 정신적 스트레스가 얼마나 심했던지, 자고 나면 온 몸에서 냄새가 났고 잠자리는 불쾌한 냄새가 뱄다. 머리를 감고 나면 평소보다 머리카락이 많이 빠졌고, 여기저기 새치가 생겨나고 있었다. 어느 날 꿈속에서 내 머리가 하얗게 세는 꿈을 꾼 이후부터, 탈모와 새치가 심하게 늘어만 갔다. 이런 상태로 가면 어쩌나 아직 젊은데, 그때를 생각하면 온 몸에 힘이 없고, 만나는 사람들 모두 귀찮다는 생각이 나의 의식을 지배하고 있던 때였다. 두피 케어를 받으면 도움이 된다는 소리를 듣고, 두피 케어를 받고 샴푸 등 몇 가지 제품을 구매했다.

이렇게 노력하면 머리카락이 덜 빠지고, 새치도 줄어들까? 물어보며 가르쳐 준 대로 집에서 매일 아침 두피 관리에 들어갔다. 첫째, 머리를 따뜻한 물로 충분히 적셔준다.1분 둘째, 샴푸를 손에 문질러 거품을 내고 머리카락과 두피에 골고루 마사지한다.1분 셋째, 거품을 낸 채로 면도와 이를 닦는다.1분 30초~2분 넷째, 따뜻한 물로 머리카락과 두피를 충분히 헹궈낸다.1분 다섯째, 헤어드라이어로 두피 마사지하듯 잘 말린다.1분 보통 5~6분 정도 걸린다.

매일 만나는 사람들과도 기분 좋게 만나고, 아이들과도 재밌게 생활하고, 웃음 치료 학교도 찾아다녔다. 언제부턴가 내 머리의 새치가 검게 변하는 것을 목격했다. 거울을 보며 얼마나 신기했는지 모른다. 몸에 나는 역겨운 냄새도 사라졌다. 가르쳐 준 대로 꾸준히 했다. 무엇보다 즐거운 마음으로 일할 수 있는 오늘이 있음에 감사하고, 특별히 좋아질 것이 없어도 내일을 기대하며, 잠을 잘잤던 것이 내 몸의 상태를 건강하게 한 큰 요인이지 않았을까 생각한다.

지금도 꾸준히 실천한다. 그래서 그런지 같은 또래의 친구들보다 흰머리가 확연히 없고 염색도 하지 않는다. 검은 머리카락을 보고 염색하신 것 아니냐는 얘기를 가끔 듣는다. 머리숱도 많아서 나이보다 젊게 보이는 혜택을 누리고 있다. 극심한 스트레스, 급격한 감정의 변화, 암울한 자기암시와 불안한 정서의 지속은 혈액 순환을 나쁘게 만들며 몸과 정신 건강을 해친다. 거기에 지나친 음주, 흡연 등으로 몸이 망가지기 쉽다. 혈액을 통해 산소와 영양 공급이 원활하지 않게 되면서 면역력이 떨어지고 각종 질병에 노출되기 쉽다.

두피 케어 방법을 여러 사람에게 알려줬지만, 며칠 해보고 예전 습관대로 대부분 돌아갔다. 바쁜 아침 시간에 언제 그걸 하고 있냐며, 번거롭다는 얘기 일색이었다. 5분밖에 걸리지 않는대도 말이다. 바로 효과가 나타나지 않았지만, 6월 내지 1년이 지나면서 변화되는 모습을 보고는 얼마나 기분이 좋았는지 모른다. 최근 3개월 동안 먹은 것이 혈액의 정체다. 그리고 11개월 전부터 먹어왔던 것이 뼈의 원료이다. 내 몸이 사용하는 연료가 되는 바른 식습관, 7~8시간의 충분한 수면, 생활 운동이 병행되어야 한다. 하기도 쉽고, 안

하기도 쉬운 그런 작은 노력의 꾸준한 실천이 시간의 마력을 만나면 놀라운 변화가 일어난다는 사실을 강조하고 싶다.

"가난에도 이자가 붙는다."라는 말을 들어본 적이 있는가? 미국 가수 테이 존데이Tay Zonday가 자신의 트윗에 올려 화제가 된 글이다. 지금 가난하다는 것은 나중에 더 가난해진다는 걸 의미한다. 지금 당장 치약 칫솔을 살 돈이 없는가? 그럼 내년에는 임플란트 비용을 청구받을 것이다. 지금 당장 새 매트리스를 살 돈이 없는가? 그럼 내년에는 척추 수술을 받게 될 것이다. 지금 당장 그 혹을 검사받을 비용이 없는가? 그럼 내년에는 3기 암 치료비를 내게 될 것이다. 가난에도 이자가 붙는다.

게으름과 귀차니즘도 이자가 붙는 가난이다. 계속해서 이자가 누적되면 어떻게 되겠는가? 부채라면 돈 벌어 해결할 수 있다지만, 몸을 움직이기 싫어서 불어나는 이자는 건강을 해친다. 이자가 커지기 전 지금 당장 시작하는 게 좋다. 운동이라고 해봐야 출근하며 걷거나 사무실에 놓여 있는 복합기 있는 곳까지 걸어가는 것이 고작인 사람이 있다. 심지어 숨 쉬는 게 운동이라고 말하는 사람도 있다. 우리는 운동을 할 만한 시간이나 마음의 여유와 체력이 없다고 하지만, 걷기, 계단 오르기, 집에서 할 수 있는 체조나 스트레칭

등 생활 운동은 얼마든지 할 수 있다.

군이 돈 들여 헬스클럽에 가지 않아도 된다. 매일 아침 국군 도수체조를 한다. 집에서 웬 체조냐며 의아해할 것이다. 유튜브 동영상을 틀고 경쾌한 음악에 맞춰 한다. 화면을 보고 하나, 둘, 셋, 넷, 다섯, 여섯, 일곱, 여덟, 둘둘, 셋넷, 다섯, 여섯, 일곱 다리운동, 팔운동, 목운동, 가슴운동, 옆구리, 등배운동, 몸통운동, 온몸운동, 뜀뛰기, 옆구리, 팔다리운동, 숨 고르기 두 번 반복하면 약 5분 정도 걸린다. 그러고 나서 전신 스트레칭을 한다.

이렇게 하고 나면 우선 기분이 좋아진다. 밤새 굳어진 몸이 풀리면서 유연성이 좋아지고 혈액 순환이 되면서 체온이 상승한다. 활기찬 하루를 시작하는 몸의 세팅이 이루어진다. 단순한 체조와 스트레칭을 매일 하는 것만으로도 내 몸은 고마워하고 좋은 기분으로 긍정적인 사고가 생긴다. 몇 년 전에 철봉을 문에 매달았다. 매일 매달려 몸을 풀고, 턱걸이를 한다. 처음에는 한두 번 하기도 힘들었다. 일주일 열흘 한 달 꾸준히 하면서 변화가 생겨났다. 자세가 좋아지고 자신에 찬 걸음걸이가 된다. 처음에 한두 번 했던 턱걸이 횟수가 10번으로 늘었다. 학교 다닐 때 턱걸이를 못 해서 체력장 점수가 낮았던 뼈아픈 기억이 났다. 진작에 알고 꾸준히 실천했으면 체력장

20점 만점을 받았을 것이다.

　한 선배님은 몇 달 전부터 팔 굽혀 펴기를 매일 아침저녁으로 하고 있다. 처음 10회도 못했던 체력이 지금은 50번을 한다고 한다. 역경의 시기를 보내며 건강한 몸이 있어야 견딜 수 있고 그 시작은 작은 것부터라는 깨달음이 계기였다고 한다. 인생의 전환점을 만드는 작은 습관, 누구나 할 수 있고, 하기도 쉽다. 그렇지만 안 하기도 쉽다. 하지만, 늦은 때는 없다. 지금 이 순간부터 인생에 긍정적인 영향을 주는 행동을 꾸준히 지속하자. 거기서부터 인생이 조금씩 달라지기 시작한다.

　매일 꾸준히 하면서 턱걸이나 팔 굽혀 펴기의 횟수가 늘어나듯 우리 인생도 긍정적인 영향을 주는 꾸준한 활동으로 회복되고 성장할 것이라 확신한다. 그렇다면 안할 이유가 없지 않은가? 하지만, 꾸준히 실천하는 사람은 드물다. 하는 것보다, 하지 않기가 훨씬 쉽기 때문이다. 그래서 누구나 할 수 있지만, 아무나 하지 못하는 "변화된 삶", 그곳으로 들어가는 문은 좁은 문이고, 그 길은 좁은 길이라고 하는 것이 아닐까 싶다.

　건강을 잃으면 모든 것을 잃는 것이다. 이 말을 모르는 사람

나는 자다가 성공했다

은 없을 것이다. 운동경기, 장사, 사업 등에서 끈질기게 버틸 수 있게 해주는 것은 체력이다. 체력이 뒷받침되지 않으면 완주가 어렵다. 삶에서 찾아오는 시련과 역경을 이겨 내는 사람은 건강한 사람이다. 때때로 다가오는 극심한 스트레스를 견뎌낼 수 있는 체력을 최우선으로 관리해야 한다. 고민과 스트레스는 혈압을 올리며 혈액 순환을 방해한다.

가만히 있지 말고, 몸을 움직이면서 운동을 해보자. 심장 박동수가 빨라지면서 온 몸으로 흐르는 혈액 순환이 좋아진다. 뇌로 산소와 영양 공급이 원활해지면서 기분을 좋게 하고 의욕을 심어준다. 몸의 건강은 정서와 연관이 있고, 정서의 안정은 몸의 건강과 밀접한 연관이 있다. 인생 여정이라는 장기 레이스에서 건강 관리를 소홀히 하면 혹독한 대가를 치를 수 있다는 사실을 명심하자.

〈영화 〈역린〉에 나오는 『중용』 23장〉

작은 일도 무시하지 않고 최선을 다해야 한다.
작은 일에도 최선을 다하면 정성스럽게 된다.

정성스럽게 되면 겉으로 드러나고,
겉으로 드러나면 이내 밝아진다.

밝아지면 남을 감동시키고,

남을 감동시키면 변하게 되고,

변하면 생육된다.

그러니 오직 세상에서

지극히 정성을 다하는 사람만이 나와 세상을

변하게 할 수 있는 것이다.

07

안정된 정서가
우선이다.

중국 속담에 "병을 잊어 버리면 병은 스스로 물러난다."라는 말이 있다. 왜, 정서가 중요할까? 철학자이자 의사, 심리학자였던 미국의 윌리엄 제임스는 1884년 정서를 "생리적 변화에 드러나는 정신 상태"라고 정의했다. 정신은 그 상태에서 머물지 않고 행동으로 나타난다. 외부 사물이나 자극, 내면의 느낌이나 감정의 변화로 생기는 심리적, 생리적 변화는 단순하게 기분과 감정만을 뜻하는 것이 아니라, 그 영향으로 행동이 바뀌므로 행동 경향을 포괄하는 개념이다.

예를 들어 보자. 부끄러움을 느끼면 얼굴이 붉게 달아오르고, 두려움을 느끼면 얼굴이 창백해진다. 분노가 폭발하면 몸을 떨며 얼굴빛이 안 좋아진다. 긴장하면 초조하며 식은땀이 흐른다. 갑자기 놀라면 등골이 오싹해진다. 이런 상태가 오랫동안 지속되면 건강이 상한다. 이와는 반대로 "웃으면 복이 온다.", "웃으면 면역력이 올라간다."는 말처럼 즐거운 정서는 건강에 도움이 된다. 한 번 무너진 균형을 원상태로 회복시키려면 육체적, 정신적인 기능 회복에 많은 에너지를 소모해야 한다. 정서가 불안정한 상태에서는 감정적이고 우발적인 결정을 내리기 쉽기 때문에 매우 주의해야 한다. 신경이 예민해지면서 말이 함부로 나가고, 우발적인 사건이 생기기 쉽다.

정서에는 부정적 정서와 긍정적 정서가 있다. 부정적 정서인 창피함, 죄책감, 자책, 낙담, 후회, 냉담, 서글픔, 두려움, 분노, 초조, 복수심, 원한, 불평, 질투 등의 과도한 자극은 신경계통을 통해 세포에 지나친 영향을 주어 내 몸을 교란 시킨다. 잠시는 긴장감과 저항력이 생겨서 괜찮을지 모르지만, 지나치게 오래 지속되면 건강을 해치고 얼굴 표정이 안 좋아진다. 긍정적 정서인 침착, 포용, 용서, 관용, 현명, 사랑, 희생, 봉사 ,즐거움, 보람, 평온, 화평 등의 강렬하지도 미약하지도 않은 플러스 반응은 아름답고 편안하고 홀가분한 기분이 들게 한다. 원기를 북돋아 좋은 기운이 충만해진 사람은 얼굴 표정이 좋고 심신이 건강해져 행복한 삶을 누리게 된다.

수많은 질병과 정신적 고통은 대개 "부정적인 정서"에서 비롯된다. 미국 애틀랜타에 위치한 질병통제예방센터도 환자가 겪는 건강 문제 중 90%가 정신적 스트레스와 관련이 있다고 발표했다. 부정적 정서를 긍정적 정서로 전환하는 감정 조절 훈련을 지속적으로 해야 한다. 좋은 생각을 갖고 잘 먹고, 잘 쉬고, 잘 자서 정서를 재충전해야 한다. 내 몸에 분노가 차 있으면 몸이 상하고 정신이 혼란스럽다. 오죽하면 모든 질병, 특히 암은 스트레스가 원인이라고 할까? 신체의 장기가 서서히 손상되면서 면역력이 현격히 떨어진다고 한다. 내 몸과 삶에 악영향을 끼친다.

이 단계를 넘겨야 재기의 기회를 만날 수 있다. 분함으로 가슴이 뜨거워져 화병이 날 지경에 있을 때, 약까지 먹었다. 화를 다스려주는 약이었다. 걷는 게 도움이 된다고 해서 걷고 또 걸었다. 멈추면 다시 가슴을 조여오는 답답한 증상이 재발하곤 하였다. 화를 담아낼 수 있도록, 마음을 치유하는 것이 우선이다. 성공하지 못하는 사람들은 머리에는 "사람"이 떠오르고, 성공하는 사람의 머리에는 "아이디어"가 떠오른다고 한다. 사람에 대한 화를 품고 있으면 원망으로 건강이 나빠지고, 분노심이 마음을 상하게 한다. 일이 손에 잡히지 않고 잘 되지 않는다.

분노와 미움은 멋진 세상을 어둡게 보이게 한다. 분노가 치밀어 오를 때, 두려움에 휩싸일 때, 두 팔을 벌리고 하늘을 바라보고, 천천히 심호흡을 해보자. 그리고 걸으면서 자신을 바깥에서 바라보는 연습을 해보자. 심호흡은 혈액과 림프액의 순환이 원활하도록 작용하고, 차츰 마음이 안정되기 시작할 것이다. 예전 일을 흘려보내는 나만의 방식을 만들어 보자. 과거에서 벗어나 앞으로 가기 위해 지금 뭘 해야 하는지 찾아내고 실천하자. 고난의 시기 책을 보더라도 전략전술서를 주로 많이 봤다. 죽고 사는 치열한 전쟁 속 인물들의 행동에서 간접적인 경험과 통찰을 습득하게 되었다.

인간의 마음은

① 나도 알고 남도 아는 부분
② 나는 알지만 남은 모르는 부분
③ 남은 알지만 나는 모르는 부분
④ 나도 남도 모르는 부분 네 가지로 나뉜다.

나는 알지만 남은 모르는 치부를 감추려고만 하고, 남은 알지만 나만 모르는 단점을 계속 부정하면 인생이 꼬인다. 반면 나는 알지만 남은 모르는 부분을 말하고, 나는 몰라도 남은 아는 부분을 받아들일 때 사람은 성숙해진다. 베른트는 "적당한 스트레스는 예방주사처럼 좌절을 막아준다."면서 "스트레스를 받는 시간과 긴장이 풀린 편한 시간 사이에 적절한 균형이 요구된다."고 썼다. 자신이 할 수 있는 한계를 긋고 거절하는 연습, 자기 관리가 필요하다. "걱정도 습관이다." 스스로에 대해 더 많은 것을 알아야 인생을 대부분 통제할 수 있고 머리를 쥐어뜯으며 후회할 일이 줄어든다고 조언한다.

08

호기심이
기적을 이룬다.

학교를 졸업하고 나서 1년에 책 한 권도 보지 않는 사람이 생각보다 많다. 학교에서 본 책이라고는 입시 위주의 책이 전부다. 안정된 정서를 갖기 위한 노력으로 책 읽기를 권한다. 용기를 심어 주는 자기계발서 같은 책은 보통 300페이지 내외니까, 매일 10페이지씩 읽는다면 한 달에 1권은 읽을 수 있고, 1년이면 12권이나 볼 수 있다. 흩어진 마음, 심란해진 마음을 다시 잡고, 목적지를 향해 중인 배에 원료를 채워줄 것이다. 인문학 등은 삶의 깊이를 더해준다. 영혼을 흔들고 삶의 방향을 잡아주는 등대 역할을 한다. 잘 먹고, 잘 살며 세상에 태어나 좋은 영향력을 미치며 사는 것이 무엇인지에 대한 깨우침을 준다.

"모든 지식의 연장은 의식적인 행동을 무의식으로 바꾸는 것에서 생겨난다." 니체가 한 말이다. 바꾸어 말하면 무의식적으로 작

나는 자다가 성공했다

동하지 않는 지식은 수명을 다했다는 것이다. 좋은 영향을 주는 지식이 학습된 경험과 어우러지면서 무의식적으로 행동으로 나타날 때, 어두웠던 인생이 점차 환하게 바뀌는 연쇄반응이 나타나게 될 것이다. 세상에 한순간에 이루어지는 대박은 없다. 대박이 있기 전 축적이란 단계를 반드시 거친다. 고난은 축적의 단계다. 안정적인 정서를 유지하기 위하여 꾸준한 노력을 경주해야 한다.

세상에서 가장 현명한 사람은
모든 사람으로부터 배울 수 있는 사람이며,

가장 사랑받는 사람은
모든 사람을 칭찬하는 사람이요,

가장 강한 사람은
자신의 감정을 조절할 줄 아는 사람이다.

-탈무드

마지막 날이라면, 난 지금 하려고 하는 일을 할 것인가? 사람들의 말에 목매는 순간, 여러분 안의 목소리를 들을 수가 없다. 가장 중요한 건 심장과 직관을 믿을 줄 아는 용기다. "계속 갈망하라, 항상 우직하라 Stay hungry, Stay foolish."로 집약되는 스티브 잡스의 스탠퍼드대 졸업식 연설을 100번은 들은 것 같다. 들을 때마다 가슴에 울림이 있다.

온갖 난관 속에서도 버틸 수 있었던 것은 나름의 자부심이 있었기 때문이다. 베개혁명을 일으킨 메모리폼 베개로 우리나라에 없던 시장을 형성하고 산업 발전에 기여한 것이다. 폴리우레탄업계와 침구 업계에서 전혀 생각하지 못했던 것을 만들어 시장을 창출한 것이다. 메밀 베개, 솜 베개, 구스다운 베개, 라텍스 베개 등 세상에는 정말 많은 베개가 있다. 인간은 호흡과 혈액 순환으로 산소와 영양 공급이 이루어지면서 살아간다. C자형의 경추목뼈는 뇌로 영양을 공급하고 각 부분으로 명령을 전달하는 통로가 된다. 또한, 꼬리뼈까지 연결된 척추의 중요한 부분이다.

마침, 일본 출장 중 TV에서 허리 건강 프로그램을 보게 되었다. 정형외과 의사가 병원에서 허리 디스크 환자에게 물리치료를 하며 경험한 이야기다. 치료를 받고 호전되어 돌아간 환자가 며칠 지나 고통을 호소하며 다시 병원에 찾는 이유가 궁금했다고 한다. 집중적으로 환자를 관찰하며 알게 된 사실은 집에서 사용하는 베개가 문제였다는 것이었다. 잘못된 베개로 인해 경추를 보호하지 못하면서 허리까지 연결된 척추에 문제가 생겼다는 것이다. 치료한 허리의 통증 재발 원인이 베개란 사실을 찾아낸 것이다. 이런 사실을 하나씩 알게 되면서 "침대를 비롯한 침구는 과학이 아니라, 생명이다." 라는 확신이 들었다.

그렇게 해서 우리나라 최초의 메모리폼 베개 드림필로우 Dream Pillow가 탄생했다. 일본에서만 연간 60만 개가 팔려나가며 "꿈의 베개"로 공전의 히트를 쳤다. 머리는 시원하게 발은 따뜻하게 두한족열頭寒足熱 체온 기능을 보완했고, 수면 중 움직임과 인체 프레임을 고려한 개선 노력을 지속하고 있다. 척추와 머리가 연결된 C자의 통로 경추를 보호하는 데 주안점을 뒀다. 어떤 문제에 골몰하다보면 잠잘 때에도 뇌는 그것에 대해 계속 생각하는 것 같다. 잠에서 깨어 났을 때, 때로는 한밤중에 골머리를 앓던 문제의 실마리가 떠오르기 때문이다.

이불 하면 떠오르는 것이 있는가? 필자는 아랫목 이불 속에 있는 밥그릇이 그려진다. 난방이라곤 연탄불이 전부였던 어린 시절, 어머니는 추운 날 일하시고 늦게 들어오시는 아버지에게 따뜻한 밥을 드리기 위해 아랫목에 큰 밥그릇을 놓고 이불을 덮어놓았다. 행여나 장난치다가 밥그릇 엎어뜨릴까 봐 조심하라고 엄하게 말씀했다. 이불은 따뜻하게 잠잘 수 있도록 해줬고, 수고한 아버지에게 드릴 방금 한 밥의 뜨거움을 견뎌낸 준 고마운 이불이었다. "이불이 건강을 지킨다!" 이런 말을 듣지 못했을 것이다. 이불은 잠자는 데 필요한 도구 3가지 베개, 매트리스-요-타퍼, 이불 중 하나이다. 사람은 자는 동안 약 한 컵 200cc 정도의 땀을 배출한다. 체온을 조절하는 자율신경이 작동한다.

문명의 발달로 환경은 윤택해졌는데 오히려 병은 늘어만 가고 있다. 병원은 늘어만 가고 병원 내 암 병동은 따로 구분됐다. 의사는 매년 배출되고 신약은 계속해서 나오는데 환자 증가세는 줄어들 기세가 보이지 않는다. 왜 이런 일이 생기는 것일까? 온갖 질병의 요인으로 체온 저하를 들고 있다. 내 몸의 자율신경이 제대로 작동하지 못하는 것은 에어컨, 난방 기술 발달과 자동차 이용 증가 등으로 인해 몸을 덜 움직이는 것과 스트레스 증가가 원인으로 밝혀지고 있다. 체온 1도만 올라도 면역력이 30% 증가하고, 암세포는 저체온 즉, 35도 부근에서 활성화된다는 연구 결과가 있다. 낮에 무너진 체온 밸런스를 밤에 바로잡아 주는 체온테라피 이불 Therapy Duvet이 있다면 얼마나 좋을까? 이런 호기심 발동으로 기능성 이불 개발에 착수한 지 7년이 되었다.

기존 이불의 초극세사 원단은 무겁고 공기의 흐름을 차단시켜 몸에서 배출하는 땀의 증발을 막았다. 이불 속 적정 온도 32~34℃를 벗어나며 계속해서 온도를 상승시켰다. 이로 인한 피해는 고스란히 우리 몸이 받았다. 적정 체온을 유지하기 위해 본능적으로 이불을 걷어차 버렸다. 체온 저하로 이불을 찾기 위해 잠이 깨는 등 질 좋은 수면을 방해했고, 감기나 배탈이 생기는 원인을 제공했다. 익숙함에 벗어나는 것은 다른 길, 다른 곳을 다른 시간에 가보는 것이다. 같은 풍경이라도 시간대별로 느낌이 다르다. 새벽 시간 다르고 아침, 오후가 다르고 저녁이 다르다. 매일 사용하는 이불도 이리저리 보면서 간과해 온 것들이 많이 보였다.

우리는 공급자가 제공하는 상품을 광고나 주변의 권유로 구매해 사용한다. 패션이나 가전제품 등은 고유 목적에 충실하며 디자인이 더해진 제품이 소비자의 구매 심리를 자극한다. 시중에 나와 있는 이불이 공급자 중심으로 만들어졌고 소비를 강요받고 있다는 사실을 알게 되었다. 해외 시장 개척을 목표로 참가하기 시작한 독일 프랑크푸르트에서 열리는 하임텍스홈패션 및 가정용품 박람회를 통해 독일, 프랑스, 덴마크, 스웨덴, 일본 등지의 기능성 소재 및 이불 회사를 발굴하며, 사람에게 유익을 주는 이불을 찾아다녔다.

기억에 남는 분이 있다. 이불에 적합한 기능성 소재를 찾아 수소문 끝에 알게 된 과학자였다. 우리가 이름만 들어도 알 수 있는 유명 아웃도어 등에 적용된 체온 밸런스 소재를 만든 일본 과학자이다. 30여 년 연구해 왔다는 그분의 나이는 칠십 세는 넘어 보였다. "여름에는 더워서 이불을 덮지 않지 않나요?"란 질문에 그 과학자는 "여름에도 이불을 덮어야 합니다. 왜냐하면, 에어컨 같은 냉방기가 집, 사무실, 자동차 어디를 가도 돌아갑니다. 인간의 자율신경계가 무너져 있습니다. 밤에 무너진 체온 밸런스를 바로잡고 자율신경계가 작동하기 위해서 여름에 체온 조절 기능이 있는 이불을 반드시 덮어야 합니다." 오랜 연구와 경험에서 우러나오는 명쾌한 답변에 고개를 끄덕일 수밖에 없었다.

　　잠자는 데 필요한, 즉 깔고, 베고, 덮는 매트리스, 베개, 이불에 대한 최적의 솔루션을 만들기 위해 노력했다. 살아 있는 사람이 수면 중 하게 되는 활동을 방해하지 않는 침구를 구상하게 되었다. 공급자 중심에서 벗어나 철저히 인간 중심적 사고에서 출발했다. 첫째, 사람과 같이 숨을 쉬어야 한다. 둘째, 체온을 보호해야 한다. 셋째, 흡습성이 좋아야 한다. 넷째, 아토피 같은 피부염 예방에 도움이 되어야 한다. 다섯째, 곰팡이 저항성이 100%여야 한다. 여섯째, 아침에 세탁하고 그 날 저녁에 사용할 수 있어야 한다. 일곱째, 세탁

후에도 효과가 떨어지지 않고 지속되어야 한다.

사람에 따라 선호하는 이불의 무게감이 다르다. 이불의 무게는 개인의 수면의 질을 좌우하는 매우 중요한 포인트였다. 가벼운 이불과 무게감 있는 이불로 느끼는 심리적 안정감은 각각 다르다. 이불이 눌러주는 적당한 압력이 심리적 안정감에 도움이 된다는 연구 결과도 있다. 각자의 취향에 맞는 무게를 선택 할 수 있어야 한다.

건강에 필수적인 "체온 밸런스"를 염두에 두고 7년간 연구한 끝에 핵심 기능을 적용한 "힐맥스HealMax"를 개발했다. 고가의 아웃도어의 스마트섬유 기술을 국내 최초 이불에 적용한 것이다. 향후, 베개, 매트리스, 패드 등 자연과 인간에 친화적인 수면용품을 개발해 나갈 것이다. "힐맥스HealMax"는 치유를 극대화하는 개념을 갖고 있다. 누구나 체온테라피 이불을 덮고 자며 치유하고 상쾌한 아침을 맞는 날을 상상해 본다.

건강 3요소로 쾌식, 쾌변, 쾌면을 뽑는다. 잘 먹고, 잘 배출하고, 잘 자야 건강하다. 반도체, 전기전자, 자동차산업 등에 사용하는 첨단 소재를 융합하고 IT 기술을 접목하면서 스마트 수면용품이 발전하고 있다. 사내 교육으로 시작한 판매 기법 강의와 백화점 문화센터 및 학부모 대상 수면 강의를 통해 수면 장애로 고통받는 사람이 의외로 많다는 것을 알게 되었다. 이는 〈당신의 잠은 안녕하십니까?〉 수면코칭 사업의 가능성을 보게 만든 계기가 되었다.

답이 없어 보인다고? 관심이 없으면 호기심이 발동하지 않는다. 꼬리에 꼬리를 무는 호기심은 불가능을 가능으로 인도하는 첫 시작이다. 세상을 변화시킨 제품과 서비스는 바로 호기심에서 출발했다는 것을 잊지 말자. 위기가 기회로 바뀌는 첫 시발점은 "나도 해볼까?"하는 호기심이 될 수 있다. 같은 고난을 겪더라도 호기심을 발휘하는 사람은 그렇지 못한 사람보다 훨씬 빨리 일어설 것이다. 샘솟는 호기심으로 도전하고 희망을 만드는 시도를 꾸준하게 한 노력의 결과일 것이다.

2017년부터 대지와의 접촉, 어싱earthing이 수면에 미치는 영향에 대한 연구에 푹 빠져 있다. 관련 서적을 읽고 자료를 찾아보고, 한국전자파시험연구소에서 낙뢰로부터 전자 회로를 보호하는 교육을 받았다. 알아듣지도 못하는 용어에 지루했지만, 회로 개발자들과 어울려 배우는 시간이 재밌었다. 자연과 연결된 잠으로 몸에 있는 양전위 정전기는 빠지고 대지의 음전위가 들어오면서 전위차가 제로$_0$가 되는 게 신기했다.

나는 자다가 성공했다

몸에서 전류가 흐른다는 사실을 알고 있을 것이다. 스마트폰 스크린 터치도 손끝의 전류를 이용해 작동한다. 대지와 접촉하는 접지, 어싱earthing하며 자는 것만으로도 숙면을 취하고 건강에 큰 도움을 준다는 사실을 알게 됐다. 그 자체가 환희였고 새로운 시장을 여는 기폭제로 작용할 것으로 보인다. 고가의 매트리스를 사고 건강식품이나 운동을 챙겨도 숙면을 취하지 못해 건강이 좋지 않은 분들이 많았다. 자연과 연결된 잠으로 무너진 프레임과 밸런스를 맞추는 네이처 슬립이 분주한 일상으로 늘 바쁜 젊은 층과 입시로 잠이 절대적으로 부족한 수험생에게 희소식이 될 수 있어서 무척이나 기쁘다.

09

일어나 햇빛 샤워하며
어싱하라.

IMF 외환위기로 회사가 부도나고 이런저런 고민과 걱정 등으로 잠을 설쳤다. 어느 날 창가의 아침 햇살을 받으면서 왠지 모르게 기분이 좋아지는 느낌이 들기 시작했던 기억이 난다. 오늘은 뭔가 풀릴 것 같은 그런 기분이었다. 우울하고 조급한 마음, 걱정과 근심이 내 앞을 가로막을 때 우리는 다 귀찮고 몸뚱이 움직이는 것 자체가 싫어진다. 방안에 틀어박혀 나오기 싫다. 밖에서 사람 만나는 것이 두렵기까지 하다. 얼굴에는 미소가 사라지고 인생을 포기한 듯한 인상을 풍긴다.

유럽에 출장가면 잔디밭에서 일광욕을 즐기는 장면을 쉽게 볼 수 있다. 개중에는 겉옷을 벗은 채 온 몸으로 햇빛 에너지를 흡입하는 모습이 자연스럽게 보인다. 겨울 내내 흐린 날이 지속되면 정

나는 자다가 성공했다

말 햇빛 보기가 어렵다. 햇빛만 온 몸으로 흡입한 것이 아니었다. 땅에 손을 대고 잔디밭에 몸을 누인 자세는 대지와 접촉, 접지가 이뤄진 어싱Earthing으로 땅의 기운을 흡입하고 있었던 것이다. 빛과 땅의 접촉은 건강과 숙면으로 이어지는 플러스 행동이다.

평소 햇빛을 충분히 받지 않고 있다는 신호 6가지가 있다.

1. 기분이 우울하다. 겨울 우울증, 밀실 공포증 등은 햇빛이 부족하고 온도가 낮을 때 밀려온다. 비타민D 수치가 낮은 사람은 낮에 햇빛 샤워로 "햇빛 비타민"을 섭취하는 사람보다 우울증에 걸릴 확률이 10배 더 높다고 한다.

2. 체중이 늘고 있다. 햇빛은 비타민D를 생성하여 피부를 자극함과 동시에 중요한 영양소인 산화질소를 공급해 신진대사를 도와주고 폭식증을 예방한다. 자외선에 노출되면 체중이 줄고 당뇨병을 예방에 도움이 된다는 연구 게재 논문도 나와 있다.

3. 자주 아프다. 충분한 햇빛을 얻지 못하면 몸이 자주 아플 수 있다. 건강한 용량의 햇빛 샤워는 비타민D의 생성으로 면역력을 향상시켜 감염 및 독감 발생 가능성을 줄여 준다.

4. 땀을 많이 흘린다. 운동을 하지 않거나 몸에 열이 나지 않는 경우, 이마에 과도한 열이 있으면 비타민D가 충분하지 않았기 때문일 수 있다.

5. 항상, 자외선 차단제를 사용한다. 태양 광선을 쬐는 햇빛 샤워는 매일 15분 정도를 권장한다. 적당한 노출은 많은 이점이 있다. 자외선 차단제 SPF 수치가 높은 게 다 좋은 것만은 아니다.

6. 잠을 잘 이루지 못한다. 햇빛이 부족하면 밤이 되면 몸이 혼란해 진다. 그 이유는 수면 유도 호르몬인 멜라토닌의 분비가 원활하지 않기 때문이다. 연구에 따르면 인공 조명이나 모니터 등을 보는 시간이 길면 심각한 수면 장애를 일으킨다고 한다. 실내에만 있고 햇빛 샤워를 소홀히 하면 생체리듬이 깨지면서 피곤한 날이 이어질 수 있다.

많은 사람이 실내에서 90%의 삶을 보내고 있다고 한다. 심혈관 질환이나 각종 암 발병 소지가 더 높아질 수 있다고 한다. 햇빛 부족으로 비타민D가 결핍된 환자는 심장병을 앓을 확률이 두 배 높다는 연구 결과도 있다. 어떤 의사는 자외선 차단제를 바르지 않고 하루 15분 정도 일광욕을 통해 비타민D의 1일 섭취량을 취하도록 권장한다.

　햇빛 샤워는 새로운 운동이다. 밖으로 나가 걷고 햇빛 샤워를 하자. 마음먹으면 누구나 할 수 있고, 그리고 돈이 들지 않는다. 인공적인 조명으로 감히 흉내도 내지 못할 엄청난 빛 에너지, 그 어떤 치료법보다 효과가 탁월한데 공짜다. 자연의 치료법을 누려 보자. 햇빛 샤워로 잠의 호르몬 멜라토닌이 생성되고 분비되며 밤에 잠을 이루고 아침에 상쾌한 기분으로 눈을 뜰 수 있다. 선순환 생체리듬을 되찾도록 우리 몸을 활동 모드로 리셋해 준다. 고달픈 인생의 전환점은 거창한 부분이 아니다. 마음만 먹으면 할 수 있는 것에서 시작한다. 하늘에서 내려 준 놀라운 파워를 지닌 햇빛, 아침 일찍 맞는 햇살은 특별하다. 어둠이 거치고 새날, 새 아침을 열어주기 때문이다. 무엇보다 내 몸을 셋팅해 준다. 눈에 들어온 빛은 각성을 빠르게 진행시킨다.

　돈이 들지 않는 건강 관리법으로 햇빛을 맞으며 맨발 걷기를 권장한다. 낮의 활동으로 우리 몸은 양저하를 띠게 되는데, 음전하를 띠는 땅과 접지하면 쌓여 있던 양전하는 나가고 부족한 음전하가 들어온다. 전위차가 균형을 이루면서 안정을 찾게 된다. 특히, 스트레스받은 날 맨발 걷기를 하면 심리적인 안정감을 가져다주는 효과가 빠르게 전해졌다. 눈이 밝아지고 두통이 사라지는 등 분별력이 확실히 좋아졌다. 대지와 접촉하면서 전해지는 기운은 햇빛 샤워에 플러스 작용으로 숙면을 취하는 데 큰 도움이 된다. 필자는 거의 매일 퇴근하고 돌아와 동네 공원에서 맨발 걷기를 하고 있다. 건강에도 좋고 질 좋은 수면을 덤으로 받고 있다. 근데 이게 돈이 들지 않는 공짜다.

그 기운은 삶의 의욕을 불어넣어 주기 시작한다. 새해 첫날 해돋이를 생각해 보자. 붉게 타오르는 태양을 바라보는 그 기운은 다르게 전해진다. 가슴으로 다가오는 뜨거운 기운으로 나도 모르게 함성이 터져 나온다. 그리고 두 손 모아 소원을 빌어 본다. 이왕이면 매일 아침 햇빛 맞이를 새해 첫날 해돋이처럼 해보자. 그 기분 그대로 느껴보는 연습을 하자. 마음 챙김, 명상, 기도 등 내적 활동은 평정심을 갖는 데 중요한 역할을 한다. 하지만, 앉아만 있다가는 고립에 빠질 수 있다. 밖으로 나와서 햇빛을 맞고 신선한 공기를 맡으며 걷고, 달려 보는 외적 활동이 효과를 배가시킨다는 사실을 잊지 말자. 매일 하기도 쉽지만, 하지 않기는 더욱 쉬운 성공적인 삶의 촉매제이다. 돈이 들지 않아서 더욱 좋은 햇빛 샤워와 어싱 그로부터 희망은 만들어지기 시작할 것이다.

10

최고의 치유,
잠이 희망을 충전한다.

고민과 스트레스가 심하게 생기면 제일 먼저 나타나는 증상은 잠이 오지 않는 것이다. 밤새워 뒤척이다가 뜬눈으로 밤을 새우기도 한다. 심지어 눈은 감고 있는데 정신은 밤새 말똥말똥하다. 이런 다음 날은 엄청나게 피곤하다. 힘들고 고통스러운 시기에 잠을 자기란 정말 어렵다. "이런 상황에서 잠이 오냐?"는 말이 전혀 이상하게 들리지 않는다. 최고의 고문이 "잠을 못 자게 만드는 것"이라 한다. 잠 못 이루는 날이 지속되면 차츰 몸이 상하고, 마음이 피폐해지는 고통이야 말로 표현하기 어렵다.

더 나아가 당뇨나 비만 같은 신진대사 질병, 심뇌혈관 질병 그리고 심리질환과 암 발병률이 높아지게 만든다. 나아가 밤잠을 제대로 이루지 못하는 날이 누적되면 어떻게 될까? 분별력이 현격히 떨어지고, 신경이 예민해진다. 판단력이 흐려진다. 어쩌다 사업이나 대인관계에 대한 고민을 잠을 줄여가며 할 수 있다. 그러나 이것이 습관화되면 피곤을 가중시키고 상황 판단을 잘 못하게 만드는 원인으로 작용한다. 큰 오더의 프리젠테이션 준비한다고 3일을 꼬박 새우며 준비했는데, 피곤한 나머지 제출하는 날을 깜빡하는 어이없는 실수를 저지른다. 사업하는 후배 사장의 실제 이야기다.

젊었을 때는 몇 날 며칠 밤새워 일을 해도 하룻밤만 푹 자면 피곤이 풀렸다. 30대 중반을 넘어서면서부터는 하룻밤만 새워도 며칠간 정신을 못 차린다. 그만큼 젊었을 때와 비교해서 대사 활동이 원만하지 않기 때문이다. 밤새워 고민해서 고민이 해결되면 좋겠지만, 현실은 완전 반대의 현상이 나타난다. 건강이 상하고 나중에 정신까지 혼미해진다. 면역력이 떨어지면서 심각한 질병으로 번질 수 있기에 주의해야 한다. 전날 부부싸움을 했거나 분노가 치미는 일이 있었더라도, 잠을 자고 나서는 분노 레벨이 어느 정도 누그러지는 경험이 있을 것이다. 별일 없었던 것처럼 상대방에게 말을 거는 것은 잠을 잘 자서 생기는 좋은 결과이다.

내 몸을 내가 공격하여 암이 발생한다. 육체에 암이 생겼을 때 본인뿐 아니라 가족 등 많은 사람이 받는 충격과 고통은 말로 표

나는 자다가 성공했다

현하기 어렵다. 몸의 암은 마음의 암으로 번지기 쉽다. 내 마음을 내가 공격하면 마음의 암 불면증, 우울증 등이 생긴다. "마음의 암은 불면증이다."란 말이 있다. 우리는 피곤하면 잠을 자고, 자고 나면 피로가 풀리고 의욕이 생긴다. 이런 잠의 선 순환 단계가 건강한 몸과 마음을 유지하게 만든다. 하지만, 잠자면서 스트레스, 안 좋은 기억의 정리 등을 하지 못하면, 내 마음의 안 좋은 감정이 배출되지 못하고 쌓이면서 몸과 마음이 질병에 노출된다.

잠의 1단계 : 졸음이 오는 상태

잠의 2단계 : 얕은 잠 렘수면–REM

잠의 3단계 : 깊은 잠 논렘수면–Non REM

잠의 1단계가 매우 중요하다. 졸릴 때는 자야 한다. 억지로 잠을 참거나 때를 놓치면 잠이 오지 않는 단계로 들어가기 때문이다. 그러면 뇌에서 각성 명령을 계속해서 내리며 잠을 깨는 호르몬을 배출하게 만든다. 이런 뇌의 각성 명령이 습관화되면 불면증을 일으키는 원인이 되기 때문에 졸린 때는 자는 게 좋다. 잠의 2단계는 눈동자가 움직이며 꿈을 꾸기도 하고 기억을 정리하고 스트레스를 해소하는 마음 치유의 단계이다. 잠의 3단계는 눈동자가 움직이지 않고 깊은 잠에 빠지는 숙면 모드로 신진대사가 활성화되고 몸을 재충전시키는 단계이다.

졸릴 때 자는 1단계를 지나야 2단계, 3단계를 거치면서 건강한 잠의 선 순환이 이루어진다. 건강한 잠, 숙면을 취하는 주기는 보통 70~90분 단위로 2단계 얕은 잠 렘수면–REM, 3단계 깊은 잠 논렘수면–Non REM이 반복한다. 이런 수면 주기의 잠은 보약이 된다. 단계별 주기가 매우 짧아 7~10분 주기를 반복하는 경우도 있는데, 이런 경우 깊은 숙면을 취하지 못해 상쾌한 아침을 맞지 못하면서 만성 피로에 시달린다. 스마트워치를 사용하면 간단하게 자신의 수면 주기를 알 수 있다. 잠의 품질을 체크해 보자. 건강 관리에 도움이 된다.

잠이 오지 않아 뜬눈으로 밤을 새우고 나면 암울한 기분이 들고 마음이 피폐해지기 시작한다. 잠의 2단계 렘수면 상태에서 안 좋은 기억과 스트레스 등 감정을 배설하지 못하면 마음의 암으로 불면증이 생기고, 몸의 암으로 번질 수 있기 있다. 평소, 잠의 질이 좋지 않아 고민이라면, "나는 잠을 잘 수 있다."고 자기 암시하며 외쳐보자. 아침에 일어나면 "나는 잘 잤다."하고 외치며 기지개를 켜보자. 마음으로 수면에 대한 자신감을 되찾는 것이 먼저다. 아침 햇빛을 맞고, 몸을 움직이며 일하고, 음주나 흡연을 줄이고, 자기 2시간 전에 체온을 올리는 운동이나 뜨거운 목욕은 삼가는 것이 숙면에 도움이 된다. 잠자리에 들어서 스마트폰은 잠드는 것을 방해하기 때문에 될 수 있으면 사용하지 않는 편이 질 좋은 수면에 좋다.

필자는 10년 전부터 11시에 자서 아침 6시에서 7시 사이에 일어나는 습관을 들이고 있다. 7~8시간 수면 시간을 확보하기 위해서다. 그전에는 보통 TV 보고 12시 넘어 잠자리에 드는 게 일상적인 패턴이었는데, 처리해야 할 일이 많아지고 지친 몸의 피로가 풀리지 않아서 다음 날 몹시 피곤했었다. 단순한 베개로 출발한 수면 사업으로 수면 공부를 하게 된 것은 행운이다. 재생 및 신진대사 활동이 집중된다고 알려진 11시부터 새벽 2시, 최적의 수면 시간을 혹독한 고난의 시기에 적용하기 시작했다.

친구들과 만나도 9시에 헤어져 10시에 귀가하는 목표를 세웠다. 처음에 친구들로부터 엄청나게 눈총을 받았다. 차츰 습관화되면서 한결 가벼워진 몸과 마음으로 좋은 컨디션이 유지되었고 활기를 찾을 수 있었다. 만날 때도 밝은 얼굴로 만나게 되었다. 잠을 제대로 자지 못했을 때와 비교하면 많이 밝아졌고 의욕이 있어 보이는 인상을 주게 된 것 같다. 신은 사랑하는 이에게 잠을 주었다. 잠은 고난을 극복하고 희망을 충전하는 에너지원이다. 근데 이게 공짜다. 엄청나지 않은가?

누구나 누릴 수 있는 잠, 고민으로 밤을 새우기보다는, 오늘 밤 최우선으로 해야 하는 중요한 일과는 우선 잠을 자는 것이다. 잠은 내일을 위한 시작이고, 내일 일은 내일 고민해도 충분하다. 잠을 어떻게 잤느냐는 행복과 연결되며, 음식과 소득과 사는 곳보다도 우리의 인생에 훨씬 큰 영향을 미친다. 매일 밤 머리가 베개 위에 놓여 있을 때 뇌 속에서는 엄청난 일이 일어난다. 창의성, 감정, 건강, 기억, 아이디어 등에 대한 해답을 생각해 내는 능력이 잠에서 시작된다. 몸이 건강해야 마음도 건강하다. 마음이 건강해야 몸도 건강하다. 몸과 마음이 건강해야 위기를 넘어 기회를 살릴 수 있음을 명심하자. 어려울 때일수록 우선 잠을 잘 자자. "잠은 우리가 원하는 사람이 되도록 도와줄 것이다."

〈건강한 수면 습관 10가지〉

① 정해진 시간에 잠자리에 든다.

② 잘 자고 잘 일어났다는 자기 암시를 한다.

③ 체온을 올리는 스트레칭, 식사를 한다.

④ 햇빛 샤워를 하고 어싱하라.

⑤ 낮에 몸을 많이 움직이고 자세를 바르게 한다.

⑥ 야식, 지나친 음주와 카페인에 주의한다.

⑦ 잠이 잘 드는 수면 환경 매트리스, 베개, 이불, 온도을 만든다.

⑧ 입 호흡은 두통의 원인이다. 코로 호흡한다.

⑨ 내일 일은 내일로. 오늘에 감사한다.

⑩ 자신에게 맞는 수면법을 만든다.

이 길이
끝나는 곳에서
새로운 길이 펼쳐진다.

어느 날 문득, 사업 때려치우고 싶을 때가 있다. 그러다가 다시 사업하고 있는 자신을 발견한다. 자금 문제로, 사람 문제로, 매출 문제로, 경영 문제로, 환경 문제로, 갈등 문제로 등등 이리 치이고 저리 치이다 보면 내가 왜 이런 욕을 먹으며 사장 짓을 하고 있지? 회의감이 가슴속을 후벼 파고든다. 때로는 자존심에 상처를 받고 분노가 치밀어 오른다.

한번은 노동부 조사를 받는 도중 죄인같이 몰아세우는 근로감독관을 맞받아쳤다. "저도 근로자입니다. 사장도 근로자입니다. 상황을 공평하게 보고 말씀해 주십시오." 다른 사람, 환경에서 비교하며 생기는 것이 자존심이다. 어떤 상황이든 그 누구가 아닌 내가 만드는 '나는 소중하다.'는 자존감으로 살아왔다. 가끔 나는 할 수 있다는 자신감이 무너질 때가 있다.

　　의욕이 떨어지면 뭐든지 다 귀찮아진다. 자칫 위험한 지경에 빠지기도 한다. 넘어져 있을 때 다시 일어나는 힘은 의지에서 나오기보다 환경에서 만들어지는 것 같다. 끊임없는 응원자가 있고, 지지하는 자가 있고, 함께하는 사람이 있어서 다시 일어나 걷게 된다. 상대방의 말 한마디, 작은 실패에도 자신감이 위축되고 자존심이 흔들린다. 다른 사람이 나를 어떻게 보든 내가 어떤 상황에 있든 '난 내가 마음에 들어.' 주문을 외쳐보자. 당당한 자존감의 발원지는 자신임을 기억하면 좋겠다.

　　이제 끝이다. 라고 낙망할 때, 비슷한 상황에서 이겨 내는 사람이 있다. 뒤엉킨 실타래를 하나하나 풀어가듯 꼬인 인생의 실타래를 하나씩 풀어가는 지혜로운 사람이 있다. 성공에 이르기까지 지속적인 작은 행동이 모이면서, 어느 순간 시간의 힘이 위력으로 나타나는 단계를 만난다.

26년간 사업 인생을 살면서, 한 번의 부도와 8년간의 법정관리, 눈물과 기쁨이 교차했던 내용을 정리했다. 배가 침몰해가는 급박한 상황에 "가만히 있어, 가만히 있어"라는 세월호의 안내방송은 큰 희생을 초래했다. 생각하고 행동할 수 있는 사람으로 태어나 가만히 듣고 있어야만 하겠는가? 할말을 하며 살기 위해 갑판 위로 올라가야겠다는 심정으로 이 책을 썼다.

"자연과 연결된 잠으로 몸과 마음이 치유되고 질병 없는 건강 수명의 연장을 돕는다." 20년 전부터 꿈꿔왔던 네이처슬립NATURE SLEEP 수면코칭 비즈니스를 시작한다. "We care, Nature cure. 우리는 도와주고, 자연이 치유한다." '최고 수혜자는 사용하는 고객이다.'라는 가치로 활동하는 위케어Wecare 사업자를 도와 정서의 안정과 경제적 자유로움을 누리는 데 중점을 두고 있다. 앞으로 어떤 일이 펼쳐질지 모른다. 할 말을 하고, 하고 싶은 일, 해야 하는 일 하는 게 제일 행복하다. 미지의 세계로 들어가며 아픔, 눈물, 좌절, 기쁨, 희망,

다짐을 기록했다. 우리가 바라는 꿈은 계속할 용기만 있다면 이루어 진다고 믿는다.

여기까지 오는 데 도와주신 분들이 있다. 우선, 지면에 모두 기재하지 못한 점 양해를 구한다. 안타까운 소식을 듣고 시간을 내어 찾아와 주시고, 밥도 사 주시고, 선뜻 물건을 구매해 주시고, 시간을 함께 보내 주셨다. 사무실 공간을 배려해 주셨고, 자동차를 빌려주셨다. 외상으로 물건을 밀어주셨다. 경비를 보태 주셨다. 정말 많은 도움을 받았다. 트윈세이버 까르마에서 동고동락하며 열과 성의를 다한 임베스트 대표 임옥영 님, 사업 의욕을 되살려주며 네이처슬립 런칭에 힘을 모아준 김선명 님, 유여름 님, 김양윤 님, 최윤열 님, 어싱을 알려준 신병윤 님, 자본시장 인연으로 만난 배대석 님에게 감사드린다.

인생과 사업에 버팀목이 되어주신 아버지 황돈영 님과 어머니 장희자 님께 감사드린다. 아버지 일을 돕고 있는 여동생 은혜에게 고맙다는 말을 하고 싶다. 고생만 하다 돌아가신 형님이 그립다.

신뢰와 격려해 주시는 장인 김남훈 님과 장모 김옥선 님, 사업가 남편을 만나 만만치 않은 세월 속에 지원을 계속한 아내 김화선 님에게 사랑의 마음을 전한다. 아빠가 힘들 때 용기와 격려를 심어준 큰딸 자희와 재훈 부부, 둘째 지희와 진홍 부부, 대학생 막내 환희와 기쁨을 안겨준 손주 서율에게 마음을 담은 책을 선물한다.

원고가 책으로 출간되기까지 수고해 준 이담북스 이강임 팀장님, 편집과 디자인을 맡아 준 편집부 관계자에게 깊은 감사의 인사를 드린다.

수의에는 주머니가 없다. 세상에서 살아 온 흔적이 남는다. 사람이 세상을 떠날 때 갖고 가는 것은 받은 사랑이다.

황 병 일

우연히 황병일 대표를 만났다. 잠잘 때 사용하는 베개로 세상의 혁명을 일궈가는 평범한 사장인 줄 알았다. 추천사 부탁을 받고 책을 읽어 보았다. 인생 최고의 명문대학 '고난대학'에서 고독과 함께 고생하면서 고통을 온몸으로 체험하며 깨달은 진한 삶의 교훈이 말로 다 할 수 없는 감동으로 다가왔다.

이 책을 읽다 보면 지난 시절 겪은 우여곡절과 파란만장한 깨달음이 폐부를 찌르고 심장을 뛰게 만든다. 주먹을 불끈 쥐게 만드는 묘한 마력이 있다. 제약이 있어야 창의성이 제조되며, '불가능'은 '불같은 가능'이라고 해석하는 역발상의 뒤안길에는 숱한 삶의 얼룩과 고뇌의 흔적이 서려 있다.

삶이 무료한 사람, 내일이 설레지 않는 사람, 지금 여기서의 삶이 재미가 없는 사람, 바닥을 기면서 먼 훗날을 기약하고 있는 모든 사람에게 이 책은 '번개'처럼 다가오는 충격이 아닐 수 없다.

– 지식생태학자 유영만, 한양대학교 교수, 『공부는 망치다』 저자

직업상 여러 회사를 컨설팅한다. 그 중 성공하는 분들이 가진 공통점이 있는데, 바로 회복탄력성resilience이다. 꽃 길만 걷는 것이 인생이 아님은 누구나 알지만, 그럼에도 우리는 가시밭길을 만나면 멈춰 서거나 발길을 돌이킨다. 그리고 그런 자신의 선택을 에둘러 변명하려 한다.

자신에게 주어진 가시밭길을 의지와 신념으로 돌파해 낸 황 대표의 이야기를 읽다 보니 떠오르는 말이 있다. "하지 않으려는 사람에겐 핑계가 보이고 하려는 사람에겐 방법이 보인다." 요즘 여러 가지 일로 머리가 복잡하고 다소 의기소침했는데, 이 책을 통해 용기를 얻을 수 있었다. 내 속에 숨어 있던 야성野性을 일깨워 준 황 대표에게 고마움을 표하며, 건투를 빌어 본다.

– 기업분쟁연구소 조우성 변호사, 『이제는 이기는 인생을 살고 싶다』 저자

황병일 대표가 법정관리에서 벗어날 즈음 다시 한 번 어려워진 소식을 들었을 때 무척 마음이 아프고 답답하기까지 했다. 지금은 이 과정을 잘 감당하고 새로운 도전의 길을 걸어가는 모습을 보니 인생은 어떻게 해석하고 어떻게 받아들이느냐에 따라 달라질 수 있음을 다시금 깨닫게 된다. 한 번 쓰러졌다가 다시 일어나기는 쉽지가 않다.

사업의 어려움보다 고독한 인생의 싸움을 잘 감당하고 있는 황병일 대표에게 박수를 보내며, 이 책이 어려움과 낙망 속에 있는 다른 분들에게도 힘이 되길 바란다. 자신의 고난이 다른 사람에게 힘을 주는 도구로 쓰인다면 그 또한 인생의 또 다른 축복일 것이다.

– 블레싱마케팅 대표 경진건, 『CEO 돌파 마케팅』 저자

참으로 어려운 시기였는데도 늘 밝은 모습을 보여 사업을 잘
하는 기업인이라고 생각했다. 극한의 상황에서 티 안 내고 의연하게
대처하는 내공이 대단한 분이다. 사업의 성공과 실패에서 얻은 생생
한 교훈이 오롯이 담겨 있다. 많은 분에게 희망과 도전을 주는 메시
지가 가득하다.

- 주식회사 네패스 회장 이병구, 『경영은 관계다』 저자